亮剑

高校巡察工作实践与探索

★ ★ ★

刘　卫/主编

LIANGJIAN

GAOXIAO XUNCHA GONGZUO SHIJIAN YU TANSUO

天津社会科学院出版社

图书在版编目（CIP）数据

亮剑 ：高校巡察工作实践与探索 / 刘卫主编. -- 天津 ：天津社会科学院出版社，2024.3
ISBN 978-7-5563-0966-5

Ⅰ. ①亮… Ⅱ. ①刘… Ⅲ. ①中国共产党－高等学校－基层组织－党的纪律－监察－研究 Ⅳ. ①D267.6 ②D262.6

中国国家版本馆 CIP 数据核字(2024)第 062884 号

亮剑 ：高校巡察工作实践与探索
LIANGJIAN:GAOXIAO XUNCHA GONGZUO SHIJIAN YU TANSUO
选题策划：吴　琼
责任编辑：刘美麟
责任校对：杜敬红
装帧设计：高馨月
出版发行：天津社会科学院出版社
地　　址：天津市南开区迎水道 7 号
邮　　编：300191
电　　话：(022) 23360165
印　　刷：高教社（天津）印务有限公司
开　　本：710×1000　　1/16
印　　张：13.25
字　　数：194 千字
版　　次：2024 年 3 月第 1 版　　2024 年 3 月第 1 次印刷
定　　价：78.00 元

编审委员会名单

主　编：刘　卫

副主编：田建伟　陈　军　李　佳

编　委：(以姓氏笔画为序)

马春玲　马晓蕾　马　静　王丽伟　曲　玲　任丽华
任丽丽　刘崇磊　杨　扬　杨亚彬　张冬梅　张　莉
张　捷　陈方红　武立群　曹　玲　戴　红

目　录

高校开展巡审结合的路径研究

天津师范大学

孙莉

摘　要：巡视巡察与审计监督是党和国家监督体系的重要工作内容，在高校的巡察工作实践中，巡审结合有助于精准地发现问题。深化巡察与审计协作配合机制，推进“巡”“审”贯通融合，对目标要求、实现途径、方式办法、运行机制进行有益探索，达到整合监督资源、形成监督合力、提高监督质效的目的效果。

关键词：巡察监督；审计监督；合力；质效

高校党委在校内开展巡察工作过程中，逐步摸索实践，深化巡察机构和审计部门协作配合，积极推进“巡”“审”贯通融合，充分发挥各自职能优势，密切联系、促进两类监督有机融合、有效配合，从而进一步放大监督效应、提升监督效能。

一、坚持同频共振，实现精准对接

高校巡察办和审计处在信息互通、专业支持、成果共享和运用等方面健全完善巡审协同工作机制，有效提升巡察监督发现问题的准度、精度和深度，促进政治巡察与依法审计不断贯通协调。

(一)加强顶层设计

高校党委应提高政治站位,及时学习领会有关推进巡察监督与其他监督贯通融合的重大决策部署,进一步提高认识、转变观念、指导工作,加强对巡察监督和审计监督贯通融合的统一领导,履行同步监督主体责任,纳入重要议事日程,加强顶层设计,坚持一体谋划、一体布局、一体推进;党委巡察工作领导小组要切实履行好组织实施责任,推进巡察监督与审计监督统筹衔接、计划部署;党委巡察办要主动与审计部门建立完善协作协同的工作机制,及时交流沟通年度巡察工作计划和审计项目计划。党委巡察办在提请确定每轮巡察对象前,应事先听取审计部门意见建议,对近期完成审计且问题比较突出的部门单位可以优先考虑安排巡察。在此过程中,相关部门应加强对巡审结合、联动开展工作的意义的认识,加深理解,增强工作的自觉性、主动性,避免巡察、审计工作停留在原有的工作模式当中。应从联动工作中思考、强化工作的需求与配合,从而有效调动各方面积极因素,形成资源交织、优势互补、联动发力的氛围,发挥更大震慑。

(二)健全制度机制

加强机制建设,统一监督标尺。为使同步监督顺畅运行,校内要建立完善情况通报、协作联络、联席会商、问题研判、整改督办和成果运用等多项机制,贯穿全环节,助力精准监督。同时,做好同步监督的工作规划,明确责任分工、量化目标要求、规范环节流程,加强对同步监督的业务指导,在业务资料共享、重大问题核查等多个环节实现全方位对接,做到重点情况不遗漏,查实事项不重复,双方日常相关重要会议、重要文件、重点工作安排及时互通,实现巡前、巡中、巡后各环节无缝衔接,确保同步监督运行顺畅。

(三)实现共商共享

实现信息互通,审计监督为巡察监督提供专业支持、问题线索、意见建议，巡察监督为审计监督提供重点任务、目标和方向；实现优势互补，加大从经济责任角度发现问题力度，确保巡察的系统性、全面性、准确性；实现资源整合，科学统筹开展同步监督，有效避免短时间内“扎堆”重复监督。巡察、审计采取共同调阅被巡单位资料的形式，突出针对性，坚持必要、从简原则，统一归口，防止多头、重复要材料，有电子版的尽量调取电子版，提高了工作效率，减少了重复劳动，减轻了基层负担，起到事半功倍的效果。同时，营造联动工作氛围，增强影响力。

二、坚持同轴共转，增强叠加效应

（一）统一目标任务，明确工作重点

牢固树立“一盘棋”思想。以巡审同步为例，巡察组与审计组在同一目标指引下，独立开展工作，分工同步实施政治监督和经济责任审计。高校巡察坚持政治巡察定位，围绕“三个聚焦”，紧密结合基层党组织党的建设和教育教学实际，重点监督检查党的理论和路线方针政策和党中央、市委决策部署在基层的贯彻落实情况，进一步促进党员干部担当作为；重点监督师生群众身边腐败问题和不正之风，推动全面从严治党向基层延伸；重点监督党组织领导班子和干部队伍建设情况，推动解决软弱涣散问题、增强基层治理实效；重点监督经济责任审计重点检查领导干部贯彻落实国家有关经济方针政策及决策部署、部门发展规划、内部控制、重大经济决策、财务管理与经济风险防范等情况。两者贯通融合、深入协作配合，互相促进、相辅相成，使监督重点更加突出，发现问题更加精准，监督手段更加高效，有利于从源头上预防和治理腐败问题。

（二）统一组织实施，发挥职能优势

巡察组和审计组充分发挥优势特点，牢牢把握问题导向，立体聚焦靶向部位，将“政治巡察”和“经济审计”互相融入、分工分责、整体推进，注重

从资金、资产、资源等方面找准突破口，注重从师生急难愁盼问题上找到切入点，达到“从政治层面分析经济问题，从经济问题查找政治偏差”的贯通监督效应，拓展对被巡单位党内监督的覆盖面，进一步扩大震慑效果。[1]例如，在开展对教育系统12个重点领域廉洁风险、“三重一大”执行情况的监督中，审计组、巡察组及时交流、汇总，注重从整体“把脉”被巡单位工作运行情况，做到听取汇报与个别谈话相互印证、财务资产账目与实地查看相互印证、档案资料与会议记录相互印证。将审计与巡察监督结合，二者联动，就是要充分利用审计的专业优势和工作经验，对重点和疑点问题进行分析，发现问题线索。

（三）统一分析研判，精准发现问题

对于巡察组、审计组分别发现的问题，客观深入细致地综合研判发现的问题，不错判一个问题，也不疏漏任何一个问题和线索，使掌握信息更加精准，开展工作针对性更强。对重大问题线索和难点、疑点问题，根据问题性质分别由审计组或巡察组开展进一步核查，或者由两个工作组联合开展核查，深挖表象背后深层次问题。在此基础上，贯通融合形成巡察报告、审计报告，将巡察发现的国有资产管理不规范等问题纳入审计报告，确保审计报告全面、完整地反映领导干部履行经济责任情况；将经济责任审计发现的重大问题或将业务层面问题从政治监督角度进行定性纳入巡察报告，两个报告相互印证，共作结论，实现巡审“合璧”新突破。

三、坚持同向发力，联合推动整改

（一）“联审”研判方案

同步监督反馈后，对被巡察单位党委同步研究制定的巡察整改和审计整改两份报告、两份清单、两份台账，党委巡察办要充分发挥职能作用，严把巡察整改方案“第一关”。同时，党委巡察办与派驻纪检监察组、党委组

织部、审计处等对整改方案联合“再审”，围绕“责任是否压紧压实、整改措施是否切实可行、制度机制是否建立”等要求，对整改措施逐条逐项研判；对重点难点问题整改缺乏动真碰硬精神的方案退回要求重新制定；对部分整改措施空泛、可操作性不强的，要反复修改，使整改内容更加全面，确保整改方案靶心不偏、焦点不散。

（二）“联通”信息共享

进一步健全整改工作日常监督机制。驻校纪检监察组和党委组织部要切实承担起巡察整改日常监督责任，与党委巡察办和审计处形成巡察整改监督合力，可结合联动开展工作，建立问题台账，实行动态管理。采取听取汇报、调阅资料、明察暗访、满意度测评等方式方法，对整改工作进行实地督查，实现信息共联共享，共同关注、共同跟踪、共同督导巡察（审计）问题整改，强化问题解决，确保整改压力不减、有序推进、见底清零。

（三）“联动”督促检查

为发挥巡察整改“巡一点、带一片”作用，探索巡察监督与审计监督协同督促整改落实的工作机制，开展回访检查，及时推动“回炉”“补课”。对巡察、审计发现的系统性、倾向性问题进行分析研究，找出共性和规律，厘清风险点、关键点、责任点，把巡审成果转化为建章立制、规范流程、责任追究和正负面清单等硬措施。既坚持“当下改”，又强化“长久立”，推进建章立制，完善体制机制，加强成果运用，防止发现问题频发、多发、变异发生现象，有效发挥标本兼治的作用，为学校各项事业高质量发展提供坚强保障。

在高校开展巡审结合，无论是审计先行、巡审同步，还是跟进审计等不同形式，加强巡察监督与审计监督的贯通融合，通过巡审结合充分利用巡察机构权威性、审计机构专业性，在信息互通、成果共享、相互配合等方面构建协同联动机制，有助于最大效能发挥巡察监督和审计监督叠加效应，推动高校巡察工作高质量发展。

参考文献

[1]强化巡审贯通协调　切实提升巡察工作质效[J].巡视巡察参考，2023(3).

浅析提升高校巡察整改质效的路径

天津师范大学

李欣蓬

摘　要:巡察作为巡视的延伸和补充,本质就是政治监督。高校开展巡察工作是推动全面从严治党向基层延伸的重要举措,是强化政治建设的重要抓手,是加强党内监督的战略性制度创新。本文结合自身高校巡察工作实践,对高校巡察整改和成果运用进行了系统性的思考和探索,从而提升高校巡察整改质效,推动高校在教育实践各环节中实现内涵式发展。

关键词:巡察整改;整改监督;成果运用

高校承担着人才培养、科学研究、社会服务、文化传承创新和国际交流合作的重要使命,是巩固马克思主义指导地位、发展社会主义意识形态的重要阵地,在整个教育体系中具有举足轻重的地位。[1]巡察是巡视制度的延伸和补充,是深入推进全面从严治党向基层延伸、向纵深发展的重要举措,也是优化基层政治生态的重要制度保障。在高校开展巡察工作,对于把管党治党政治责任落实到基层,提高治理水平和治理能力,推动创新发展,提供了坚强有力的组织保障与政治引领。结合高校巡察实践,对高校巡察整改和成果运用进行系统思考和探索,旨在高质量做细做好巡察"后半篇"文章,持续压实整改主体责任,完善整改制度机制,不断提升整改质效,强化巡察成果综合运用,切实做到以巡促改、以巡促建、以巡促治。

一、高校巡察整改实践中的困难和问题

高校经过几年的校内巡察实践,始终坚持将严的基调、严的措施、严的氛围贯穿高校管党治党的全过程,在落实党风廉政建设方面成效明显,形成了一些经验做法,出台了一系列制度规范,但高校巡察总体上还处于探索推进阶段,在实际工作中还存在一些薄弱环节和问题。

(一)巡察整改主体责任意识不够强

部分被巡察党组织学习贯彻上级关于巡察整改工作要求有落差,对巡察整改是落实全面从严治党责任的重要内容认识不足,在落实整改上存在力度层层减弱的情况。政治站位不高,思想认识不到位,“头雁效应”发挥不足,其他班子成员“一岗双责”意识不强,相应承担的责任不明确。只重视具体的业务问题,对巡察反馈问题没有从政治高度去认识和剖析,没有从思想根源上查找原因,也没有将巡察整改与政治生态优化联系起来、与推动事业发展结合起来。整改工作持续发力不足,整改措施操作性不强,内部压力传导不够,整改任务没有见底清零。部分被巡察党组织缺乏以不回避、不推脱、不遮掩的高度自觉推进巡察整改的决心和勇气,在落实整改要求上“打折扣”,对整改有难度的问题不敢较真碰硬,整改浮于表面、流于形式。

(二)巡察整改监督协作贯通不够到位

巡察机构与派驻纪检监察组、组织人事、宣传、财务审计、信访等部门以及被巡察党组织之间的协作配合还存在薄弱环节。各监督主体主动支持配合巡察监督的意识不够强,常态化协作配合的制度机制建立得不够充分深入,缺乏结合各监督主体职能特点分类建立协作协同工作机制和进一步细化具体协作措施、流程和规范,导致还存在协作配合不到位、问题线索来源不宽、信息通报不及时、工作合力不强等问题,尚未形成一个以巡察为

纽带,有序衔接、互为补充、协调一致、相互支持的监督闭环。

(三)巡察整改制度机制不够健全

整改全过程、全要素“路线图”不够明确,各个环节的工作责任、工作要求、工作流程等没有及时用制度机制固化下来,缺乏有效规范。整改监督合力和压力不足,有些普遍性、系统性、领域性问题移交给相关职能部门后没有引起高度重视,开展系统整改、专项治理力度不够,导致部分问题反复出现。整改评估的组织形式较为单一,方式方法比较简单,与被巡察党组织的特点和中心工作结合不够紧密。

二、高质量推进高校巡察整改工作的措施和方法

发现问题只是巡察的起点,处理解决问题才是关键。习近平总书记强调,巡视发现问题的目的是解决问题,发现问题不解决,比不巡视的效果还坏,做好巡视“后半篇文章”关键要在整改上发力。[2]必须强化政治巡察,严守政治纪律,多环节、多方位集中发力,层层推进巡察问题整改,严防“只巡不改”,将实实在在的整改成果转化为人民群众的获得感和幸福感。

(一)“突出靶向”抓整改

一是履行巡察整改组织领导责任。高校党委要按照“四个融入”要求巩固巡察成果,以钉钉子精神督促被巡察党组织开展“地毯式”整改,拧紧校党委组织领导责任、被巡察党组织主体责任、巡察办统筹督促责任、派驻纪检监察组和组织部日常监督责任、职能处室成果运用责任的“五责协同”责任链条,层层传导整改压力,紧盯重点人、重点事、重点问题,推进从“深入发现问题”到“有效整改问题”再到“提升治理能力”的实践深化。二是夯实巡察整改制度基础。严格落实学校党委常委会专题听取巡察反馈情况和整改工作情况汇报制度;建立巡察整改定期报告制度,要求被巡察党组织将党委书记“签字背书”的整改情况报巡察办,倒逼推动整改。

建立健全整改联审工作机制、三级递进整改机制、整改日常监督机制、督查督办机制、整改成效评价机制等。三是增强被巡单位内生动力。强化“靶向治疗”，做到精准发现、精准施策、精准解决，督促被巡察党组织真正把巡察整改作为严肃的政治任务，作为推进全面从严治党、推动整体工作的重要契机和抓手，坚持整改工作从反馈之日抓起，以一刻不耽误的干劲立即组织开展巡察整改工作，成立学院党委巡察整改工作领导小组，召开专题会议，制定整改方案、整改任务书，建立“三清单一台账”制度，突出问题导向、基层特点，做好整改任务分解，责任到人，实行“清单式交办、销号式管理”，逐项整改到位。

（二）“齐抓共管”督整改

一是强化制度支撑。建立健全整改和成果运用制度体系，有效提升工作规范化、制度化水平。全面把握巡察工作全局，统筹安排巡察整改工作，确保派驻纪检监察组、组织部、巡察办既相对独立履行各自职责，又按照领导小组部署要求，步调一致、协同高效推进整改工作。制定巡察整改评估制度，明确巡察整改监督不同主体职责任务，做到有章可循、规范运行。二是做实整改督查。巡察办牵头对整改情况进行督查并及时向校党委报告，强化一线督导，重点从整改责任落实、问题整改情况、整改实效、建立长效机制、推动改革发展等方面进行检查，给出具体督查意见，督促做到条条要整改、件件有着落。同时将整改情况作为学校监督部门常态检查、主体责任检查、不作为不担当专项治理、新一轮巡察、民主生活会对照检查、述责述廉等方面的重要内容。三是加强贯通融合。加强巡察整改监督与各类监督协作联动，推动各类整改监督贯通融合。派驻纪检监察组和组织部压实日常监督“分内之责”，与巡察办“并肩作战”，采取“整改前提示、常态化检查、中期督查、期末验收”的工作方法。通过“联审把关”整改方案和整改报告、指导监督巡察整改专题民主生活会、实地调研、检查评价等方式开展“常态化检查”，对整改工作中存在的问题和薄弱环节持续跟踪督办，形成监督、整改、治理的良性循环，切实提升巡察整改监督治理效能。

（三）“标本兼治”促整改

一是推动举一反三、系统推进。推进每轮巡察后“共性问题”整改，未被巡察党委实施“对标”自查，举一反三，梳理自身存在的问题，抓早抓小、防微杜渐，拿出整改措施。共性问题在全校范围内的整改，有效破解了巡察全覆盖时间跨度过长、同类问题反复出现等难题，做到巡察成果在全校范围内及时全面运用，切实发挥巡察标本兼治作用，有效放大巡察效应。二是推动以下看上、系统治理。既要落实“当下改”的举措，更要形成“长久立”的机制，从制度机制层面向职能部门提出意见建议，相关职能部门在指导监督被巡察党组织进行整改的同时，针对普遍性、倾向性、突出性问题开展专项治理，梳理条线管理漏洞，以下看上治根本，从学校层面解决领域性问题。相关职能部门针对巡察反馈的问题在全校开展专项检查，及时修订制定相关制度，进一步用好巡察成果，推动从学校层面上解决领域性问题，促使学校治理体系和治理能力更加科学有效。三是推动内涵建设、事业发展。既精准发现问题“抽鞭子”，又助力促进发展“搭梯子”。高校党委应注重把巡察成果拓展转化成推动改革、促进发展、优化治理的实际效果，推动高校各项事业持续健康发展。强化巡察成果运用，注重从根源处分析巡察中反复出现的问题原因并制定措施，推动基层党组织提升政治功能和组织功能，进一步提高管党治党办学治院水平。

三、结语

高校巡察是推动学校事业高质量发展的坚强政治保证。压实巡察整改责任，凝聚整改监督合力，强化整改落实和成果运用，切实发挥标本兼治战略作用，是提升政治巡察质效的关键所在。高校党委要切实履行主体责任，始终把推动解决问题作为巡察工作“落脚点”，抓好巡察整改这个检验“四个意识”的“试金石”，坚持“闭环”管理，形成无缝衔接的整改监督链条，推动巡察整改、监督、治理一体贯通，更好发挥标本兼治的作用，扎实做好巡察“后半篇文章”。

参考文献

[1]吴道槐. 切实履行职责推动落实立德树人根本任务[J]. 中国纪检监察,2019(11):13.

[2]中央巡视工作领导小组. 巡视整改落实是“四个意识”的试金石[N]. 人民日报,2018-11-02(6).

[3]习近平. 高举中国特色社会主义伟大旗帜为全面建设社会主义现代化国家而团结奋斗:在中国共产党第二十次全国代表大会上的报告[N]. 人民日报,2022-10-26(1).

系统观念下高校巡察贯通协调的思考

天津医科大学

张丽丽　任丽丽　张春燕

摘　要:高校内部巡察是学校党委落实管党治党主体责任、推动全面从严治党向基层延伸的重要途径。开展校内巡察,要坚持系统观念,从加强前瞻性思考、注重全局性谋划、强化整体性推进三个方面,推进高校巡察贯通协调,推动巡察工作高质量开展,提高管党治党、办学治校水平,为落实立德树人根本任务提供保障。

关键词:系统观念;校内巡察;贯通协调

党的二十大报告指出“必须坚持系统观念”,“为前瞻性思考、全局性谋划、整体性推进党和国家各项事业提供科学思想方法”。巡察作为综合监督平台,包括多个运转系统及机制,具有整体性和层次性。开展高校巡察,离不开巡察机构与相关部门的协作配合。要综合运用系统观念这一方法论,推进巡察贯通协调,推动校内巡察提质增效。

一、背景与意义

2023 年 5 月,中共中央办公厅印发了《中央巡视工作规划(2023—2027 年)》[1],强调推进巡视工作规范发展、巡视监督与其他监督贯通协调。这为推进高校巡察贯通协调提供了政策指导,即巡察机构既要加强与派驻纪检监察组以及组织、宣传、人事、审计等部门的协作配合，建立责任清晰、运转顺畅、精准有效的协作配合机制，又要深化巡察监督与纪律监督、监察监督、派驻监督统筹衔接，加强巡察监督与组织监督协作配合，充分运用审计、宣传、组织等部门的专业力量和监督成果，增强监督合力。推进巡察贯通协调，要在系统观念指导下，厘清巡察机构与相关部门协作配合的上下、条块关系，抓住主要矛盾，加强前瞻性思考、注重全局性谋划、强化整体性推进。

二、高校巡察贯通协调存在现实困境

（一）贯通协调责任不够清晰[2]

可能与以下因素有关。一是高校党委对贯通协调重要性认识不充分，高校党委巡察工作领导小组（简称“领导小组”）有统筹整合各类监督力量和资源的意识，制定巡察机构与相关部门协作机制，但是有的机制关键性环节细则不健全，责任不够清晰。二是党委巡察工作办公室（简称“巡察办”）统筹协调作用发挥不到位，主导推动贯通协调力度不够、方法不多，可能出现沟通不深入、通报不及时、整改监督作用不明显等问题。三是部分职能部门对巡察综合监督平台认识不到位，参与选人用人、意识形态等专项检查的主动性不足，尤其在时间紧、本职任务繁重的情况下，可能出现专项检查时间推迟、了解问题有限、整改监督不到位等情况。四是高校具有“熟人社会”特性[3]，在这种环境下开展校内巡察，可能会出现反映问题避重就轻、问题深度不够的情况。

（二）贯通协调运行质效不好[4]

表现在三个方面，一是信息共享程度不高。巡察进驻前，巡察办函询相关部门提供被巡察党组织本部门、本领域问题线索、政策支撑，相关部门对材料要求理解、把握不一致，提供的材料可能不全面、不及时。巡察过程中,信息通报不及时,导致情况了解存在差异,个别被巡察党组织对提供材料进行“修饰”,影响发现问题的精准性。二是巡察各阶段运行不平衡。贯通协调程度和效果在巡察进驻前最好,在巡察过程中和巡察整改阶段逐渐减弱。三是人才联动不畅通[5],表现在人才库编制容易,但是利用率低,可能与个别推荐入库人员即为边缘人员、年龄较大或者经验不丰富,不能完全胜任巡察工作有关,也可能与派出单位不愿意借出业务骨干、业务骨干参与巡察工作动力不强有关系。

(三)巡察整改落实不到位,成果运用不充分[6]

巡察整改监督协作配合机制不健全,尤其是整改日常监督协作配合机制、整改评估协作配合机制不完善,容易出现巡察整改责任压得不实、整改措施就事论事,整改效果不到位,“当下改”和“长久立”结合不足,不能真正实现以巡促治。

三、以系统观念推进巡察贯通协调路径思考

(一)加强前瞻性思考,厘清上下关系,强化贯通协调的责任抓手

推进高校巡察工作贯通协调,要厘清贯通协调主体职能责任,明确工作任务,各司其职、各担其责,逐渐形成学校党委领导、领导小组组织实施、巡察办主导推动、相关部门配合协作、巡察组实施巡察,对二级党组织开展巡察的运行体系[7]。

一是学校党委主动担起校内巡察主体责任,将巡察工作列入党委工作要点,坚持以上促下,统筹研究谋划贯通协调;持续高位推动,协调全校资源,配好巡察干部;解决制约贯通协调难题,建章立制,层层压实责任担当。根据工作需要,可以修订巡察工作五年规划,完善巡察机构与相关部门工作协作机制,更新巡察人才库,完善巡察人才库建设管理办法,为巡察贯通

协调提供制度支持。

二是领导小组要学深悟透党中央、市委和市教育两委关于巡视巡察与其他监督贯通融合的文件精神，准确把握学校党委工作要求，理顺巡察工作体系，从巡前、巡中、巡后三个阶段推动贯通协调，推动各类监督力量在人员共用、信息共享、问题研判、线索处置、整改监督、成果运用等方面形成合力，推动校内巡察工作有形有效全覆盖。

三是巡察办在贯通协调中起到主导推动作用，统筹制定巡察方案，做好巡察干部培训，持续推进贯通协调，强化跟踪督办，完善总结汇报。通过问题线索分类移交、完善巡察整改日常督查协作机制，压紧巡察整改主体责任；健全巡察后评估制度，听取相关人员意见建议，确保巡察工作的规范性、科学性和实效性[8]。

四是各相关部门做好巡察协作配合工作，做好政策支持、业务培训、线索提供工作；巡察过程中嵌入专项检查，做好敏感问题、重大问题的研判会商；派驻纪检监察组、组织部依规依纪依法做好问题线索处置，做实巡察整改日常监督，组织、宣传、保密等部门落细专项检查整改监督，形成监督合力，共同推动被巡察单位事业发展。

五是巡察组负责巡察工作落地开展，严格执行巡察回避制度，强化政治建设，强化监督意识，打消顾虑，坚持政治监督定位，把准监督发力点，找准巡察过程中的主要矛盾和次要矛盾，大胆发现问题，如实报告问题，做好“把脉会诊”。做好巡察结束后复盘总结，评选优秀巡察干部，健全考核激励机制，做好正向引导。

六是做好巡察宣传，明确校内巡察最终落脚点是推动改革、促进发展，推动被巡察党组织充分认识校内巡察是“政治体检”，把接受巡察作为检视工作、查找偏差、及时补缺、提升工作成效的契机，主动配合巡察工作。接受巡察期间，被巡察党组织也是监督者，有权对巡察组工作进行监督。

（二）注重全局性谋划，明确条块关系，建构贯通协调的有效机制

明确贯通协调各相关主体责任和分工后，要在巡察过程中细化协作内

容,形成巡前信息收集、巡中联动配合、巡后成果共享的完整闭合链条,形成沟通有效、衔接有序、同向协同的贯通协调机制,促进巡察工作更加严密、有效[9]。

一是巡前强化信息情况沟通和队伍建设支持。针对巡察办提请信息共享函件,提供相关领域政策文件,完善政策依据,促进精准发现问题;向巡察机构通报被巡察党组织有关情况,确保巡察工作有的放矢。根据工作需要,开展业务培训,提高巡察人员业务能力,推动深入挖掘问题。

二是巡察期间,为巡察组提供政策咨询和协助核查资料,对于敏感问题、重大问题共同研判会商,协助精准发现问题、准确定性问题;同步开展审计监督,嵌入选人用人、落实意识形态工作责任制、保密工作专项检查,实现信息共用、成果共享,有效发挥巡察"利剑"作用。

三是巡察结束后,强化巡察整改和成果运用。巡察办做好问题线索分类和问题线索移交。派驻纪检监察组、组织部要严肃处置巡察移交问题线索;宣传、网信、教务、资产、保密等相关部门履行本部门职能监督责任,及时处理巡察移交的涉及本部门的问题。派驻纪检监察组和组织部门要做实整改日常监督,开展巡察整改中期推动、整改效果评估,其他相关部门做好巡察整改督促,把关专项检查整改结果。

(三)强化整体性推进,坚持标本兼治,推动贯通协调的常态长效

高校应逐步建立巡察贯通协调机制,明确整改责任任务,明确各环节举措,拧紧整改责任链条,促进巡察整改有效开展,切实提升巡察整改质效[10]。

一是严肃巡察反馈。邀请领导小组组长、副组长,分管或者联系被巡察单位校领导,相关职能部处和校内二级单位党组织负责人参加巡察反馈会,压实被巡察党组织整改主体责任;提醒未接受巡察党组织自查自纠,及时补缺;针对巡察发现的普遍性、系统性问题,相关部门深入剖析研究,综合采取措施,系统治理。

二是做实巡察整改日常监督。明确派驻纪检监察组、组织部、巡察机构等整改监督责任方分工,细化任务。第一,加强对巡察整改方案、“三清单”指导审核,确保措施可行、任务明确、责任到人。第二,强化巡察整改日常监督,整改期间深入被巡察单位,通过听取汇报、查阅资料、现场走访、集体座谈等方式,了解整改进展情况,对整改中遇到的难题给出意见建议,推动巡察整改各项措施落实落细,按期完成。

三是完善巡察整改评估。由派驻纪检监察组牵头,组织部、巡察机构参加,从整改组织推动、整改事项效果和群众满意度三个方面对巡察整改成效进行评估,确定“好、较好、一般、差”四个等次,推动反馈问题清仓见底。

四是推动整改成果运用。派驻纪检监察组把巡察过程中发现的问题和领导干部问题线索作为研判被巡察党组织管党治党、政治生态等情况的重要参考,把被巡察党组织整改落实情况纳入述责述廉范畴;组织部将巡察发现的问题作为领导班子建设和干部考核评价、选拔任用、监督管理的重要参考,将被巡察党组织整改落实情况纳入年度民主生活会范畴。建立成果管理台账,通过以下看上,对于根源在学校层面的问题,相关部门深入研究,制定措施,补塞漏洞,提升治理能力。

高校巡察是推动学校事业高质量发展的坚强政治保证。扎实推进巡察有形有效覆盖,有利于加强党对高校的全面领导,深化全面从严治党,完善治理体系,提升治理能力。高校要切实履行主体责任,推进巡察贯通协调,统筹谋划、一体推进人才支持、信息共享、力量共用,形成巡察监督合力,使巡察的监督优势转化为加强党的建设、完善治理体系、促进改革发展的积极效能。

参考文献

[1]中央巡视工作规划(2023—2027 年)[Z].2023-05-13.

[2]刘彩虹.皋兰县巡察的跨部门协同监督优化研究[D].兰州:兰州

大学,2022.

[3]施翮,徐德刚.“熟人社会”视角下高校巡察工作问题分析及优化路径[J].浙江理工大学学报(社会科学),2022(48):11-20.

[4]朱印.市县巡察监督协同机制研究——以 Z 市 A 区为例[D].浙江:浙江工商大学,2021.

[5]马嘉琛.D 区巡察组组建现状及优化对策研究[D].宁夏:宁夏大学,2022.

[6]李倩.治理能力现代化视域下 D 区巡察工作问题研究[D].山东:中共山东省委党校,2022.

[7]姚君君,王瓅苑,等.高校巡察与其他监督贯通融合路径研究[J].国家教育行政学院学报,2022(7):81-87.

[8]黄存金.健全新时代高校巡察协作配合机制的思考[J].中国高等教育,2022(12):51-53.

[9]戢觅之.推动高校巡视(巡察)工作高质量发展的对策建议[J].办公室业务,2022(5):123-125.

[10]张书颖.以七项机制做实做细高校巡察“后半篇文章”[J].领导科学论坛,2022(6):30-33.

新形势下高校巡察与其他监督贯通融合的实践探索

天津科技大学

霍丙夏

摘　要：探索巡察监督与其他监督贯通融合的有效路径，推动形成系统集成、协同高效的监督工作机制，对于推动高校巡察工作高质量发展具有十分重要的意义。本文就高校建立健全巡察协作配合机制，如何推进各类监督贯通融合进行初步探析。

关键词：高校；巡察；贯通融合

巡察是党的巡视工作的重要组成部分，是党内监督的重要制度安排，是推动全面从严治党向纵深发展的重要举措[1]。高校作为培养人才、科学研究、社会服务、文化传承的重要载体，党要管好高校工作。习近平总书记强调，加强党对高校的领导，加强和改进高校党的建设，是办好中国特色社会主义大学的根本保证[2]。高校党委担负着管党治党、办学治校的主体责任，必须加强党的全面领导，强化政治监督，确保坚持正确的政治方向。

一、建立健全巡察协作配合机制的重要意义

巡察作为综合监督平台，与其他监督形式相比有一定的优势和特点，对发挥党内监督主导作用、带动其他监督都具有撬动效应。巡察是政治巡察，就是从政治上看被巡察单位存在的主要问题，发现并推动解决。从各

环节来看,巡察工作是一个需要不断沟通协调的过程,仅仅依靠巡察机构单方力量,难以取得理想的巡察效果。因此,加强高校巡察机构与有关部门的协作配合,建立责任清晰、运转顺畅、精准有效的协同机制,既是遵循巡察工作规律的必然要求,也是推动巡察监督提质增效的重要保障[3]。

二、当前高校巡察与其他监督贯通融合现状及面临的困难

就目前高校巡察工作发展来看,不同程度上存在协作配合机制运行不顺畅,各类监督贯通融合广度、力度、深度不够的情况,这些问题的出现,直接影响到监督合力的形成,制约了巡察综合监督效能的有效发挥。

比如,对协作配合机制的重要性认识不够深,统筹整合各类监督意识还不够强深,招法还不够多,个别职能部门缺乏较强的贯通融合思维,协作配合、相互借力的实际成效不够显著。协同配合机制不够完善,虽然部分高校制定出台了有关协作配合的相关制度文件,但文件中有关部门的职责定位不够清晰,责任不够明确,监督合力难以有效形成。贯通融合理念树得不牢,巡察机构与相关部门在思想贯通、责任贯通、组织贯通等方面用力还不足,在监督力量联动和成果共享上还不够充分,在情况通报、会商研判、问题线索移交、加强整改监督和成果运用等方面存在情况通报不够精准、整改监督落实不够有力等问题。

三、推进高校巡察与其他监督贯通融合的对策建议

(一)坚持一体推进、整体联动

自觉从健全和完善高校监督体系大局中谋划思考推进巡察工作,发挥巡察"一子激活全盘"作用。一是注重统筹协调。高校党委要牢固树立

“一盘棋”思想，强化系统思维和协同意识，结合高校纪检监察体制改革后学校监督体系建设，把推进监督贯通融合作为落实全面从严治党主体责任的重要抓手，主动加强与派驻纪检监察组的沟通协同，整合各方面监督力量，推动形成系统集成、协同高效的监督格局[4]。二是强化制度保障。高校党委要进一步丰富和完善巡察监督与其他监督协作配合的内容和方式，着力构建监督体系，及时制定修订巡察工作机构与有关部门协作配合机制的有关制度文件，进一步明确各有关部门责任，细化巡察各环节协作配合要求，建立覆盖巡察全流程、贯通“前半篇文章”和“后半篇文章”的统筹衔接机制，将巡察工作机构与各职能部门协作配合的有效做法固化为制度，把协作配合贯穿到巡察工作全过程、各环节，推进机制贯通、责任贯通，为发挥巡察综合监督作用提供制度保障。三是落实职能责任。进一步加强与派驻纪检监察的沟通协调，推动巡察监督与派驻监督统筹衔接，特别是抓好巡察整改的监督检查，强化信息互通、联动作业、合力督办，让监督有合力有威力。组织部要发挥组织优势，加强与巡察机构的巡前统筹、巡中配合、巡后督查，推动干部培养锻炼、监督管理与巡察工作深度融合；审计处履行审计监督职责，发挥专业优势，以“经济体检”助力巡察“政治体检”；教务处、科技处、国有资产与实验室管理处等部门发挥职能作用，共同推进领域内问题整改。

（二）坚持闭环运作、无缝衔接

坚持全程贯通、全面融合，着力打通巡察与各类监督的断点、堵点。一是巡前突出信息共享。建立巡察联席和信息通报机制，用足用好已有监督成果，巡察工作部署会后，及时召开巡察工作联席会议，会上通报上轮巡察发现的主要问题，有关部门提出本轮巡察需重点关注的问题。巡察办商请有关部门通报被巡察单位有关情况，提供制度文件，开展政策指导，做好支持服务。二是巡中突出手段支持。巡察机构与有关部门协作配合、相互借力，由“单兵种”作战到“多兵种”合成，实现协同作战、联合作战。现场巡察期间，组织部、宣传部同步开展选人用人工作和意识形态工作责任制落实情况专项检查。开展巡审结合，巡察期间适时一并对被巡察单位党政主要负责人进行任中审计，发挥各自优势，深入查找问题，开展会商研究，将审计报告中的主要问题纳入巡察报告，形成监督的"场效应"。三是巡后突出整改落实。巡察办会同派驻纪检监察组、组织部共同审核整改方案和报告，指导督导整改专题民主生活会，深入被巡察单位进行调研，跟踪了解巡察整改进展情况，督促被巡察党组织高标准完成整改任务。完善整改评估机制，由派驻纪检监察组牵头，组建由派驻纪检监察组、巡察办、巡察组、组织部及有关部门同志组成的评估工作组，通过民主测评、个别谈话、实地查验等方式，开展整改评估工作，实现"多方联审"，跟踪督促整改落实。

（三）坚持同频共振、同题共答

坚持以整改实效作为检验贯通成效的重要标准，在综合分析基础上开展系统整治，切实用好巡察成果。一是开展"未巡先改"。针对巡察发现的普遍性、倾向性问题，梳理汇总共性问题清单，面向全校基层单位党组织开展"未巡先改"、自查自纠，前移巡察监督关口，通过问题早发现，推动问题早解决。二是推动系统整改。建立巡察成果综合运用机制，现场巡察结束后，归纳梳理共性问题，向相关职能处室发送工作建议书，有针对性地提出意见建议，并定期与有关部门"盘点对账"，推动有关部门与被巡察单位同题共答、同向发力，实现整改的"上下联动"。三是深化标本兼治。着眼管长远、见长效，把巡察的制度优势转化为治理效能，推动监督、整改、治理有机贯通[5]。比如，组织部结合部门工作职责，可以针对巡察指出的基层党建不扎实问题，面向专职组织员和基层党支部书记开展专题培训，开展基层党建工作专项检查，列席学院有关会议，对"议事规则"落实情况进行现场指导；国资处可以针对实验室安全和仪器设备管理问题，进一步完善实验室安全运行机制，在全校范围内开展资产清查专项治理；教务处可以针对学院课程思政建设落实不到位问题，深化课程思政示范课项目建设，打造特色课程思政"案例库"，推进"三全育人"不断取得新成效。

巡察是党内监督的重要方式，对全面从严治党发挥着重要的作用。新时代，高校要认真贯彻中央和市委关于加强巡视巡察上下联动有关要求，把推进贯通融合作为深化高校政治巡察的重要抓手，建立巡察机构与其他部门协作配合有效机制，整合监督力量与资源，充分发挥巡察引领监督作用，推动基层党组织自觉担负起管党治党政治责任，提升从严管党治校水平，为培养担当民族复兴大任的时代新人提供强有力的政治保障。

参考文献

[1]章金辉. 把握巡察工作规律　提升政治监督效能[J]. 理论学习与探索，2022，263(3)：45-47.

[2]胡乔木，周瑞云. 新时代坚持和加强党对高校全面领导的思考[J]. 领导科学论坛，2023，210(4)：122-125.

[3]黄存金. 健全新时代高校巡察协作配合机制的思考[J]. 中国高等教育，2022(12)：51-53.

[4]陈鑫涛. 巡视巡察在全面从严治党中的战略作用探析[J]. 特区实践与理论，2020(6)：25-32.

[5]王有为. 浅析新时代高校纪委"四化"监督模式的构建[J]. 法制与社会，2020(12)：157-158.

推动巡察整改责任落实的路径研究

天津科技大学

吴川

摘　要：党的二十大报告从完善党的自我革命制度规范体系的战略高度对巡视工作作出新部署，对加强巡视整改和成果运用提出明确要求，为推进新时代巡视巡察工作高质量发展指明了前进方向。巡察是巡视在基层的延伸，整改是巡察工作的"后半篇文章"，是深化成果运用的关键环节。高校巡察工作要取得实实在在的效果，必须进一步压实整改责任，推动相关责任部门、被巡察单位认真落实整改任务，做到监督、整改、治理有机融合，以整改成效促进高质量发展，切实达到以巡促改、以巡促建、以巡促治的目的和效果。

关键词：高校巡察；压实；整改责任；路径

巡视监督是党和国家监督体系的重要组成部分，是全面从严治党的战略性制度安排[1]。党的二十大报告从完善党的自我革命制度规范体系的战略高度对巡视工作作出新部署，强调"发挥政治巡视利剑作用，加强巡视整改和成果运用"[2]，为推进新时代巡视巡察工作高质量发展指明了前进方向。巡察工作启动以来，高校党委高度重视，巡察机构全面贯彻"发现问题、形成震慑、推动改革、促进发展"巡视工作方针，坚持把巡察作为落实管党治党办学治校政治责任、提升治理体系和治理能力现代化水平的重要抓手，不断推进巡察全覆盖，巡察工作质量和水平进一步提升。

巡察整改是巡察工作的“后半篇文章”，是检验被巡察党组织领导干部“四个意识”的试金石。巡察整改工作要服务于高校改革发展，坚决破除制约教育事业发展的体制机制障碍，充分激发教育事业发展生机活力，通过体制机制建设，推进新时代巡察工作高质量发展[3]。笔者认为，深化巡察整改和成果运用，需建立健全巡察整改全链条的监督机制，不仅要强化被巡察单位的主体责任，相关责任单位也要各司其职、各尽其责，共同推动巡察整改和成果运用走深走实。要通过压实巡察整改各方责任，做深做实巡察整改成效评估，推进形成上下联动、齐抓整改的工作格局。

一、学校党委加强组织领导，领导亲自挂帅督战

一是强化整改统筹谋划。高校党委要深刻认识巡察整改的重要意义，认真贯彻落实中共中央办公厅《关于加强巡视整改和成果运用的意见》，及时完善学校相关制度文件，制定加强巡察整改的具体措施，推动巡察整改和成果运用的制度化和规范化。要将巡察整改作为学校党委推进全面从严治党向纵深发展、向基层延伸的重要内容，及时将巡察整改情况纳入全面从严治党考核，通过述责述廉、基层党委书记述职等方式对被巡察党组织整改情况进行了解，对整改不到位的问题进行质询。建立健全研究巡察整改工作机制，在听取巡察反馈意见时，学校党委要对巡察整改工作提出明确要求；在集中整改完成后，要深入听取被巡察党组织整改情况汇报、巡察整改评估情况，对后续整改情况提出明确要求，推动整改成果真正转化为推动学校事业发展的动力。

二是压实整改主体责任。巡察整改是重要的政治任务，要在责任落实上发力。高校党委要通过多种方式层层传导压力，进一步压实被巡察党组织整改责任。巡察反馈会后，高校党委书记应通过约谈、谈心谈话等方式，面对面向被巡察党组织主要负责人指出问题、分析原因、压实责任，督促其进一步增强落实巡察整改任务的思想自觉和行动自觉。被巡察党组织应认真落实巡察整改主体责任，书记认真落实第一责任人责任，及时召开巡

察整改动员部署会，对照反馈意见建立整改台账，制定问题清单、责任清单、任务清单，明确整改措施、整改时限和责任分工，确保条条有整改、件件有落实。

三是深入一线督促整改。按照上级工作要求，分管（联系）被巡察单位的高校领导，应主动承担巡察整改工作领导小组第一组长责任，帮助解决重点难点问题。分管巡察工作的副组长应靠前指挥、全程参与、督察督办，带领巡察工作领导小组成员单位参加巡察反馈会议、整改专题民主生活会，到被巡察单位召开座谈会，了解整改情况，研究解决具体问题，推动巡察工作有序推进，取得实效。

二、责任部门各司其职，形成整改监督合力

一是健全巡察整改评估机制。巡察整改评估是对巡察整改成效的检验，可以有效解决整改责任划分、整改结果认定、整改责任落实等关键性难题，推动整改成效明显提升。坚持效果导向，从人、事、因、制、效等角度，不断优化完善评估指标体系，组建由派驻纪检监察组、巡察组、巡察办、组织部、宣传部等部门组成的整改评估组，通过民主测评、个别谈话、实地查验等方式，实现“多方联审”。用好整改评估结果，针对被巡察单位整改不到位、不彻底的问题，加强跟踪督办，对敷衍塞责、消极应付的加大问责力度，确保整改任务落实。

二是加强整改日常监督。加强对巡察整改全过程、各环节的日常监督，有利于督促被巡察单位党组织进一步落实整改任务，充分彰显巡察监督的严肃性和公信力。派驻纪检监察组、巡察办、巡察组、组织部根据工作职责，共同指导被巡单位制定整改方案，列席指导整改专题民主生活会，审核整改报告，深入被巡察单位调研，跟踪了解巡察整改进展情况，督促被巡察党组织高标准完成整改任务。巡察办要切实发挥好桥梁作用，协调成员单位履行督导责任。组织部针对巡察发现的问题，有针对性地组织开展落实“三重一大”制度、落实新时代党的组织路线等方面的专题培训，定期开

展党建工作专项检查,进一步提升基层党建工作水平。

三是强化系统整改。强化巡察成果运用是一项复杂系统的工程,需要各相关部门同向发力。现场巡察结束后,巡察办及时汇总巡察组发现的问题,针对巡察发现的普遍性、倾向性问题,向相关职能部门提出意见建议,举一反三,有效推动系统整改。相关职能部门针对巡察发现的问题及时完善制度文件,加强对日常工作的督查,推进"三全育人"工作、意识形态责任制、课程思政建设、固定资产管理等工作的规范化水平。探索开展"未巡先改"工作模式,针对日常监督、执纪审查和巡察中发现的共性问题开展自查自纠,确保问题早发现、早解决,推动全面从严治党的各项要求进一步落实落地。

三、被巡察单位借势借力,以整改促进高质量发展

一是抓好建章立制。被巡察单位党组织要深入把握新时代高等教育工作规律和学院发展规律,用党的创新理论武装头脑、指导实践、推动工作,认真梳理巡察反馈的问题,坚持标本兼治,完善制度规定,深化内部治理。根据上级文件精神和工作要求,及时制定出台相应的制度文件,对于已经不适用工作实际的制度要及时进行废止或进行修订,确保各项工作均能够有章可循、有据可依,从源头上封堵制度漏洞。

二是促进改革发展。巡察整改是自我革命的过程,对被巡察单位事业高质量发展是机遇,也是挑战。被巡察党组织要立足治标、推行当下"改"的举措,又要着眼治本、完善长久"立"的机制,把巡察整改融入日常工作、融入深化改革,主动深入实际、深入师生,围绕事关师生切身利益问题,有针对性地开展调查研究,提出对策思路和解决方案,下大力气解决制约改革发展的深层次问题,为推动学校事业发展提供坚强政治保证。

三是激发内生动力。高校立身之本在于立德树人,把"政治体检"成效转化为立德树人成效,关键在于通过整改促进党建与业务工作深度融合,深化"三全育人"综合改革质量,把立德树人贯穿基层党建工作的全过

程和各环节[4]。被巡察党组织要始终牢记为党育人、为国育才的初心使命,增强政治能力,强化担当作为,充分发挥党委组织领导作用,切实加强领导班子建设,顾大局、讲民主,转观念、求突破,规范执行党委会和党政联席会议事规则,规范运用学院办学自主权。要解放思想,凝聚共识,构建有效激励机制,激发广大教职工干事创业的热情和干劲,凝聚干事创业的强大力量,形成全体师生心往一处想、劲往一处使的强大合力。

参考文献:

[1]全面贯彻落实党的二十大精神　更好发挥政治巡视利剑作用[N].人民日报,2023-03-28.

[2]习近平.高举中国特色社会主义伟大旗帜　为全面建设社会主义现代化国家而团结奋斗——在中国共产党第二十次全国代表大会上的报告[N].人民日报,2022-10-26.

[3]沈水根.高校校内巡察整改工作质量提升研究[J].福建工程学院学报,2021(5):416.

[4]韦玉丹,马元凯.以政治巡察促进高校基层党建工作的路径研究——以某高校为例[J].南方论刊,2022(11):52.

提升高校巡察整改质效的思考

天津工业大学

杨国强

摘　要：巡察整改既要着力推动被巡察党组织解决自身存在的突出问题，也要注重推动上级党组织或其他部门解决共性问题，促进标本兼治。高校应当在推动巡察整改和成果运用上不断探索，建立健全一整套制度机制：以“巡察整改任务书”的形式，强化政治意识，自上而下压实巡察整改工作责任；强化整体意识，贯通融合扛起巡察整改工作责任；深化标本兼治，立体贯通抓实巡察成果运用责任。相关工作部门综合运用巡察成果，加强调查研究，提出改进措施，完善制度机制，推动解决部门工作领域的一些深层次问题。

关键词：巡察整改；成果运用；治理体系；治理能力

习近平总书记高度重视巡视整改工作，强调开展“地毯式”整改，逐一对账落实。中央办公厅印发《关于加强巡视整改和成果运用的意见》，是贯彻落实习近平总书记重要指示精神和党中央决策部署的重要体现，是加强巡视工作制度化规范化建设的具体举措，对推动新时代巡视工作高质量发展具有重要意义。自 2018 年以来，高校内部巡察已全面铺开，经过多年实践，高校对于巡察整改和成果运用的探索也取得一些经验办法。我们认为建立健全巡察整改系统性制度机制，高校党委必须扛起主体责任，相关工作部门更要提高运用巡察成果的积极性和主动性，将其作为提升治理效能、推动高质量发展的重要抓手,从各个环节抓好落实。

一、强化政治意识,自上而下压实巡察整改工作责任

高校巡察的重要特点就是巡察整改的整体性、系统性,巡察整改不仅是被巡察党组织的政治任务,也是学校相关部门完善制度机制、提升能力水平的重要参照。通过向相关职能部门发放“巡察整改任务书”,树立巡察整改“整体思维”,综合运用巡察成果,横向举一反三,纵向上下联动,在推动改革、促进发展上持续用力。

(一)从“建议”到“任务”,不断强化巡察整改的责任意识

学校党委以系统思维和整体意识推动巡察整改,把巡察整改作为推进学校治理体系和治理能力现代化的重要抓手。有的高校在第一轮校内巡察后,学校党委和巡察工作领导小组即研究决定,以“巡察发现共性问题报告”的形式,向各基层党组织和部分职能部门进行通报,要求做到“未巡先改”。此后不断探索完善,以“巡察建议书”的形式,向部分职能部门通报巡察发现与其职能职责相关的问题,并提出意见建议。此后,经巡察工作领导小组研究,以“巡察任务书”的形式,继续向职能部门进行通报。从“建议”到“任务”,学校党委不断压紧压实巡察整改责任,做到了“全校一盘棋”。

(二)从“组织”到“部门”,不断扩大巡察整改的覆盖范围

为充分发挥巡察报告作用,巡察发现的问题均向各基层党组织进行传达,做到“未巡先改”,扩大巡察报告使用面。但是巡察整改不仅是被巡察党组织的主体责任和其他党组织的对照检查责任,也是相关工作部门的工作责任。每轮巡察反馈后,巡察工作领导小组责成巡察组、党委巡察工作办公室归纳总结本轮巡察中发现的典型问题,研究挖掘问题产生的根源,

经领导小组研究审定后，由巡察工作办公室起草“巡察整改任务书”，向职能部门下达协同整改任务，扩大巡察报告自上而下的影响力。同时通过条块结合开展整改，基层组织和工作部门之间的互动更加频繁，整改效果更加明显，质量也有所提高。

（三）讲问题、提要求，明确协同做好巡察整改的目标任务。

“巡察整改任务书”以校党委巡察工作领导小组名义下发，直接列举巡察发现的被巡察党组织中与工作部门职能职责相关的问题，有必要时，以附件形式将问题相关材料同时转发。同时，要求工作部门结合职责对列举的问题加强调查研究，提出改进措施，完善制度机制，指导督促被巡察党组织进行整改。对列举的普遍性系统性问题，应认真分析研判，加强日常监管，推动解决深层次问题，必要时可组织开展集中整治、专项治理。

二、强化整体意识，贯通融合扛起巡察整改工作责任

在下达巡察整改任务（建议）时，学校党委在不断探索如何取得更好更精准的效果，强化责任、优化程序、细化措施。

（一）下达任务有力度

学校党委在下达“巡察整改任务（建议）书”的形式上不断完善。最初由党委巡察工作办公室直接向职能部门发放，各部门收到后，对巡察整改的任务和建议认识得还不到位，理解得也不透彻，经常出现反复沟通的情况，效率、效果都有待提升。召集会议进行说明同时发放任务（建议）书的形式，能够统一思想、达成共识，效果较好，会上由巡察工作领导小组负责同志传达学习习近平总书记关于巡视工作的重要论述和中央、市委的决策部署，对巡察整改贯通协同提出要求，压实责任，巡察工作办公室负责同志就巡察整改任务书内容进行说明。

(二)下达任务要及时

给工作部门的任务、建议,应当在巡察反馈后尽早完成。这样可以保证被巡察党组织的整改和工作部门的监督指导、协同整改同步进行。职能处室在收到巡察整改任务后,迅速与被巡察党组织积极对接,到学院调研走访,对巡察反馈问题再排查,同学院一起查找原因,剖析根源,指导学院制定整改方案,细化整改措施,提出整改长效化建议,并跟踪问效。同时,在全校范围内组织开展相关专项治理工作,包括优化业务流程,提升信息化管理手段,编制管理服务电子手册,开展线上线下多种形式的业务培训等。在指导被巡察党组织整改的过程中,加强了调研,不断建立健全制度机制,协同整改的程度更加深化。

(三)下达任务要规范

要讲清问题,提出要求,明确责任。“巡察整改任务书”对职能部门的要求:一是充分发挥监督指导作用,推动二级党组织抓好整改落实。二是认真研究主要问题,统筹推进本部门职责范围内的协同整改工作,举一反三,并视情况在全校范围内组织开展专项治理。三是要在规定时间内就工作完成情况向巡察工作领导小组进行回复。巡察工作领导小组组织巡察组、党委巡察工作办公室等部门对工作完成情况进行评估,反馈持续整改的意见建议。

三、深化标本兼治,立体贯通抓实巡察成果运用责任

巡察整改落实中,必须把解决具体问题与破解共性问题、促进建章立制结合起来,坚持举一反三、深化拓展,发挥巡察推动改革、促进发展的作用。构建巡察成果全方位、多层次共享运用机制,推动各有关责任主体形成合力,确保巡察成果运用抓细、抓实、抓具体。通过向职能部门下达“巡

察整改任务书”,有力推动巡察整改在全校范围的上下联动、部门之间的贯通协同,实现由点到线及面的效果,达到以巡促改、以巡促建、以巡促治的目的。

(一)以巡促改,不断提高解决实际问题的能力

各职能部门把落实巡察整改任务与部门工作实际相结合,推动解决了一批难题,增强了解决实际问题的能力。教学运行和管理部门在协同整改部分问题时,深入调研摸排,充分、合理利用和配置教学资源,科学、合理组织和调度教学活动,综合考虑课程性质、学生、教师、教学资源等各种因素,进行优化组合。

(二)以巡促建,不断充实完善学校各项制度机制

学校制度机制建设需要职能部门在中央、市委精神要求下,充分吸收基层出现的新情况、新问题,不断充实完善。按照巡察整改任务要求,为充分发挥绩效工资分配的激励导向作用,结合破除“五唯”,建立以岗位绩效为核心的考核分配制度,组织人事部门多次修订完善《绩效工资实施方案》《年度绩效考核办法》,不断提高绩效分配及绩效考核的科学性和精准度。网信部门牵头制定关于新媒体建设与管理、落实网络意识形态工作责任制等多项制度,明确规定了新媒体建设与管理的主体责任,促进校园新媒体健康有序发展。

(三)以巡促治,为学校事业高质量发展保驾护航

学校各职能部门的治理能力和水平是学校治理体系和治理能力的重要组成。在落实巡察整改任务的工作中,学校职能部门要不断增强调查研究、政策制定、监督管理、宏观调控、提供服务等方面的工作能力和水平,为促进学校事业实现高质量发展提供重要保障。

参考文献

[1]加强巡视整改和成果运用　推动新时代巡视工作高质量发展——中央巡视工作领导小组办公室主要负责人就《关于加强巡视整改和成果运用的意见》答记者问[J].中国纪检监察,2022(04).

[2]赵大伟,王彦明.高校内部巡察的特征、意义及实现路径[J].廉政文化研究,2021(6).

[3]华锋,吕婷婷.巡视巡察整改促进工作机制创新——以高校为例[J].行政科学论坛,2023(5).

提升高校巡察个别谈话技巧的思考与探索

天津工业大学

裴蕾

摘　要:高校开展巡察工作,是强化管党治党一项全面深入的"政治体检",是落实立德树人根本任务的有力抓手,是保障学校事业健康发展的重要利器。巡察工作坚持"发现问题、形成震慑,推动改革、促进发展"的工作方针,发现问题是巡察工作的生命线,个别谈话是高校巡察工作获取信息、发现问题的重要途径和手段之一,谈话的质量直接影响高校巡察的效果。目前在高校巡察谈话过程中还存在个别谈话的准备工作不充分、谈话的方法技巧运用不灵活、谈话碍于熟人关系,不能实事求是地反映问题、谈话的成果分析运用不足等问题。因此,有效运用个别谈话的方法与技巧,提升高校巡察发现问题的能力是至关重要的。

关键词:巡察;个别谈话;高校

个别谈话是《中国共产党巡视工作条例》规定的"12+N"的工作方法之一,是高校巡察工作中基本、常规、有效的工作方式,也是获取信息、发现问题的重要途径和手段。运用正确的谈话方式和谈话技巧,能快速、精准地发现问题,从而有效提升高校巡察工作的质量。

一、高校巡察工作中个别谈话存在的问题

(一)个别谈话的准备工作不充分

一是缺乏专业的系统培训。巡察组成员多为校内抽调干部,存在工作经历、知识结构等方面的差异,且大多未经过系统培训,自身掌握的谈话技巧和策略不多,对政治巡察深入理解不够、把握不准,往往造成巡察谈话重点抓不牢、主题扣不准,在个别谈话中针对性不强,存在不会谈的问题。二是谈话提纲设计比较笼统。巡察组在进行个别谈话时,往往仅按照巡察办提供的通用模板制订谈话提纲进行分组谈话,没有根据不同的谈话对象分类别、分层次、分重点设计谈话提纲,导致谈话的问题不能环环相扣、对问题的追问不能步步推进,有的同志只做到了解面上整体情况,没有深入谈、反复谈,深挖细究具体问题还不到位,有的谈话还停留在业务检查层面,脱离了政治巡察的高度,容易使巡察工作变成"走过场"[1]。

(二)个别谈话的方法技巧运用不灵活

有的巡察组成员在个别谈话过程中,灵活谈话少,机械提问多,不能把控整体节奏和方向。如对说起话来滔滔不绝的谈话对象,不能及时控制话题,导致偏离主题方向,浪费时间;对沉默寡言,不善言辞者,缺乏引导、没有做到抛砖引玉;对欲言又止的,没有分析其"弦外之音",步步追问;对回避问题的,没有严肃追问、反复约谈。还有的同志熟悉领域问得多、重点问题深挖少,谈工作谈业务多,谈困难谈成绩多,甚至最后变成闲话家常,从而不能深层次发现问题本质。

(三)个别谈话碍于熟人关系,不能实事求是地反映问题

高校是个"熟人社会",巡察组成员与被巡察对象比较熟悉,在谈话中存在顾虑,被人情关系束缚,碍于情面不敢深查细挖,发现问题"浅巡辄

止”、不深不透，缺少“动真碰硬”的勇气，不能正确处理“讲感情和讲规矩”的关系、“讲个体和讲大局”的关系。有的巡察组成员对发现的问题“轻描淡写”“抓小舍大”，导致巡察工作难以向更深层次推进。

（四）个别谈话的成果分析运用不足

一是汇总整理不够及时，个别谈话环节信息量大，涉及人数多，这就要求谈话工作必须做好翔实的记录，谈话后及时整理、汇总。有的巡察组两三天甚至一星期才汇总，各谈话小组之间不进行“头脑风暴”，沟通交流不充分，导致一些重要信息分散在各小组，不能及时进行信息共享，从而不能动态灵活调整谈话提纲，容易造成问题的流失，也容易在最后制作问题底稿时成为“孤证”，不具代表性。二是梳理分析凝练不细致。有的谈话小组的材料分析停留在表面，没有深度分析研判，导致反映重点人、重点事、重点问题不够突出。三是问题导向不够突出。有的个别谈话报告更像记“流水账”，只是谈话记录的简单堆砌，缺乏典型性[2]；有的报告重点不突出，对正面评价部分描述过多，缺乏问题导向。

二、高校巡察工作中个别谈话方法和技巧的运用

善于运用巡察中的个别谈话方法，能够直接快速地了解掌握一个党组织的基本情况，针对以上问题，应在巡察谈话中把握好以下方法。

（一）做好个别谈话的准备工作

一是加强巡察干部的选拔与培训。根据巡察任务，选配政治坚定、原则性强、业务精通的干部组成巡察组。加强对巡察干部的业务培训，邀请有谈话经验的同志分析讲解巡察个别谈话的策略与技巧，使巡察组干部进一步熟悉掌握谈话的方式方法，提高发现问题的能力。另外，巡察组组长要根据巡察组成员的专业背景、工作经历等科学合理配置谈话小组，确定谁主谈、谁辅谈，主谈人员与辅谈人员应互相默契配合、相互提醒、相互补

充。二是谈话提纲要做到“量体裁衣”。依据被巡察党组织领导班子成员、系部室主任、党支部书记等不同类别的人员有针对性地设计谈话提纲，谈话提纲越“合身”，针对性越强[3]，发现问题更精准。同时，要随着个别谈话进程不断动态调整谈话提纲，聚焦被巡察党组织主要问题深挖细凿。三是掌握被巡察党组织的基本情况。巡察组要认真分析驻校纪检监察组、组织部、教师工作部等部门巡察前的情况介绍，详细查阅被巡察党组织的人员情况、制度建设等，掌握其基本情况，为被巡察党组织初步“画像”。

(二)灵活运用个别谈话技巧

一是谈话要把控好节奏和方向，保持“同志式”“调研式”的谈话口吻，根据实际情况灵活进行环环相扣的提问，开合有度，牢牢掌握个别谈话主动权，不能被谈话对象牵着鼻子走。在谈话过程中，要求被谈话对象结合工作实际，谈具体工作事例，把自己摆进去，把职责摆进去，把工作摆进去，深入查找问题差距，把问题谈深谈透。二是关注谈话细节。要不断捕捉谈话过程中的细节，观察谈话对象的眼神、语气、语速、肢体等，揣摩谈话对象的思想，不轻易放过重要事实和关键疑点。三是合理安排谈话时间。在开展谈话过程中，个别学院人数较多，为了达到一定的谈话覆盖面，有的巡察组会过分追求谈话速度，马不停蹄地一个接一个谈，造成谈话质量不高的后果，所以要切忌“走马观花”，不能一味地追求速度而忽略了谈话的主要目的。

(三)要打破高校“熟人监督难”桎梏

严把经历关，用“硬标准”破解。在任命巡察组成员时，要严格落实回避制度，使巡察组与被巡察党组织之间“两生疏”，从源头上杜绝人情、亲情、友情的压力，防止在个别谈话中出现“不敢问”“不想问”“不好意思问”的情况，为巡察组深入发现问题提供基本保障。严把政治关，用“生面孔”破解。在抽调巡察干部中，坚持把政治标准放在首位，把政治强、作风硬、敢于斗志的优秀干部纳入巡察队伍。大胆使用年轻干部和新提拔的干部,从根本上杜绝熟人碰面和打击报复。严把规矩关,用“铁纪律”破解。在教育和管理巡察干部中,把政治纪律和政治规矩作为巡察干部的“高压线”和“护身符”,做到严格要求、严格教育、严格管理。巡察前,对巡察党组织及抽调人员编组情况严格保密,签订保密承诺书,进一步强化保密规矩意识,不断打造作风过硬的巡察组干部队伍,有效解决在谈话中不遵守工作原则和纪律的问题。

(四)重视谈话结果分析运用

个别谈话信息量大、内容多,并不是所有谈话信息“放到篮子里都是菜”。一是及时归纳梳理个别谈话内容,做到“日清日结”,做到一般问题把握准确、重点问题绝不遗漏。二是综合分析研判,巡察各谈话小组每天要交流、共享问题并进行综合研判,不以偏概全、不视小不见,不轻易放过重要事实和关键疑点[4],坚持从业务看政治,从现象看本质。三是对个别谈话明确的重点人、重点事、重点问题,通过下沉调研、调阅资料等方式进一步深入、全面了解情况,多方印证梳理出来问题。四是撰写个别谈话报告一定要写准、写实,提高“画像”的精准度,牢牢坚持问题导向,“一针见血”,文字要简练明确,切忌简单堆砌。

三、结语

在高校大力开展巡察工作是新时期加强高等学校党的建设的一项重要举措,巡察中的个别谈话是一项有挑战性的工作,是一门技术,更是一门艺术。巡察工作人员应注重谈话的方法与技巧,坚持问题导向,立足政治巡察的工作定位,研判凝练谈话成果,发挥巡察的利剑作用,提升高校巡察工作的实效,进而推动高校从严治党不断向纵深发展。

参考文献

[1]刘超. 高校内部巡察工作中个别谈话的方法与技巧[J]. 教育事

域,2020(10);71-77.

[2]魏瑞龙.巡视中个别谈话存在的问题和对策建议[J].党建实践与思考,2019(8);42.

[3]王雯.运用科学谈话技巧提升高校巡察发现问题的能力[J].经验交流,2022(11);76-77.

[4]任广鑫.运用个别谈话提升巡视巡察发现问题能力的实践与思考[J].理论学习与探索,2021(5):46-53.

健全高校巡察协作配合机制的研究

天津商业大学

傅宏

摘　要：在高校开展巡察，是推动全面从严治党向纵深发展、向基层延伸的重要举措。健全高校巡察协作配合机制是完善党和国家监督体系的现实需要、推进高校巡察工作深化发展的内在要求、引领高校各项事业高质量发展的必然趋势。目前高校巡察协作配合机制还存在着机制不够健全、相关部门对协作配合机制的重要性认识不足、协作配合加强巡察干部队伍建设方面存在短板等问题，本文通过深入研究从健全巡察协作配合机制、构建协同高效的监督格局、打造忠诚干净担当的巡察铁军等方面形成切实可行的对策建议。

关键字：高校；巡察；协作配合机制

巡视巡察是推进党的自我革命、全面从严治党的重要战略性制度安排，本质上是政治监督。习近平总书记在二十届中央纪委二次全会上指出，党的十九大以来，我们加强巡视规范化、制度化建设，完善巡视巡察上下联动格局，促进巡视监督与其他监督贯通协同，巡视监督体制机制更为健全。巡察作为巡视向基层的延伸和拓展，在政治方向和方法原则上与政治巡视的要求是一致的。健全高校巡察协作配合机制，促进成果共享，形成监督合力，以巡察监督之为助力学校事业高质量发展。

一、健全高校巡察协作配合机制的必要性

(一)完善党和国家监督体系的现实需要

党的十八大以来,在以习近平同志为核心的党中央坚强领导下,巡视巡察作为党和国家监督体系的重要组成部分,十年磨一剑,成为党之利器、国之利器,在推进党的自我革命和全面从严治党中发挥了重要作用。党的二十大报告指出,健全党统一领导、全面覆盖、权威高效的监督体系,完善权力监督制约机制,以党内监督为主导,促进各类监督贯通协调[1]。高校巡察工作是有效推动全面从严治党向基层延伸的重要举措。健全高校巡察协作配合机制,是完善党和国家监督体系的现实需要。充分发挥巡察综合监督作用,加强与纪检监察、组织、审计、财会等监督的贯通协调,推动信息、资源、力量及监督成果共享共用,不断提升监督质效。

(二)推进高校巡察工作深化发展的内在要求

高校巡察工作必须牢牢把握中央巡视工作方针,坚守政治巡察定位,把发现问题作为巡察工作的生命线,把推动解决问题作为落脚点,才能确保巡察的权威性、震慑力、推动力。因此,现阶段围绕"三个聚焦",结合教育教学实际和专业发展特色,精准全面发现被巡察党组织的问题至关重要。然而,巡察属于综合监督平台,监督检查内容涉及学校各个领域,仅仅依靠巡察机构的力量是非常有限的,不能迅速找准问题的方向。必须通过建立协作配合机制,加强巡察与派驻、组织、宣传、督查、审计等部门协作配合,通过巡前召开部门联席会、函询了解情况,巡中及时沟通,报告阶段共同研判,整改期监督问效等方式,协助巡察组科学安排工作进程并全面了解情况,实现信息互通、成果共享,确保发现的问题精准有效,推动巡察工作走深走实、提质增效。

(三)引领高校各项事业高质量发展的必然趋势

高校开展巡察是学校党委深入贯彻落实党的二十大精神,强化管党治党政治责任的重要实践,也是落实学校“十四五”规划目标任务、推动全面从严治党向纵深发展、向基层延伸的具体行动。完善协作配合机制,深入推进巡察监督与其他监督贯通融合,做好政治监督和日常监督工作,推动主体责任和监督责任贯通协同。通过巡察,检验被巡察党组织发挥政治功能、履行政治责任情况,督促被巡察党组织深入贯彻落实党中央、市委、市教育两委及学校党委的新部署新要求,持续学懂弄通做实习近平新时代中国特色社会主义思想,深刻领悟“两个确立”的决定性意义,以高质量党建引领学校各项事业高质量发展。

二、目前高校巡察协作配合机制运行存在的困难和问题

(一)巡察协作配合机制还不够健全

高校巡察工作起步较晚,体制机制建设还不够完善。由于高校的根本任务是立德树人、不断提高人才培养质量、办好人民满意的教育,与市级部门、区县在职能定位、组织架构等方面都有所不同,需要在实践中总结探索适合自身特点的制度体系。经调查发现,部分高校尚未建立系统完备的巡察协作配合机制,在巡察过程中,仅由巡察办或巡察组“推着走”,其他监督部门的职责不清,贯通融合、同题共答的主动性不强,导致监督合力作用发挥不到位。

(二)相关部门对协作配合机制的重要性认识不足

有些高校虽然已建立巡察协作配合机制,由于校内巡察存在“熟人监督难”的问题,相关部门还不能从完善党和国家监督体系、促进教育事业

高质量发展的高度,积极履行协作配合工作职责,在通报问题时存在顾虑,甚至存在“形式主义”和“好人主义”的现象,认为查找问题就是否定成绩和贡献,导致披露问题不够客观全面。具体体现相关部门巡前书面通报内容不充分、不全面,对巡察有指导意义的情况较少,缺乏针对性和实效性;巡后跟进监督不到位,相关部门履行巡察整改责任不够到位,存在“推诿扯皮”的现象,导致通过巡察“推动改革、促进发展”的效果不佳。

(三)协作配合加强巡察干部队伍建设方面存在短板

巡察干部的政治能力和工作水平直接影响到巡察的效率和效果。但是,高校巡察过程中,组织干部部门与巡察机构协作配合,加强巡察干部队伍建设方面仍存在短板。多数高校未研究建立拟提拔干部、优秀年轻干部到巡察岗位锻炼制度,发挥巡察岗位“熔炉”作用不够充分。参与校内巡察的多为临时抽调干部,经过短时间业务培训便投入工作,边干边学,因此,巡察干部的业务知识、经验水平、专业结构还有不足,要高质量高标准完成巡察任务,巡察干部的业务能力还需要进一步提升。

三、健全高校巡察协作配合机制的对策建议

(一)加强组织领导,健全巡察协作配合机制

不断提高政治站位,构建学校党委统一领导、党委书记作为第一责任人、巡察工作领导小组负责组织实施、巡察办统筹协调、指导督导和服务保障、各相关部门协调联动、同向发力的巡察工作格局,共同推动巡察监督与其他监督贯通融合,建立协作配合机制,形成监督合力。制定《党委巡察工作领导小组工作规则》,进一步明确领导小组成员职责分工。建立巡察工作联席会制度,健全情况通报机制、日常监管机制,重点做好巡前情况通报,巡中沟通会商,巡后问题线索处置、整改日常监督等工作,推动信息、资源、力量及监督成果共享共用,减少重复监督,减轻基层负担,提升监督

实效。

（二）深化贯通融合，构建协同高效的监督格局

巡察办要充分发挥巡察综合监督优势和纽带作用[2]，牵头制定《巡察工作机构与各部门协作配合机制的实施意见》，组织召开巡察工作部署会和部门联席会，及时传达学习党中央、市委和市教育两委关于巡视巡察工作的重要论述和部署要求，精准落实政治巡察要求，加强对学校巡察工作的组织实施。加强部门间沟通协调，根据工作需要，巡察办向各相关部门出具工作函，全面了解被巡察党组织有关情况。纪检监察机构、组织、督查、信访、审计等相关部门充分发挥自身专业优势，充分、全面、及时提供被巡察党组织的日常监督情况，协助推动巡察工作顺利开展[3]。纪检监察机构要做好巡前情况通报，巡中沟通会商，巡后问题线索处置、整改日常监督，建立监督台账，对被巡察党组织巡察整改情况开展经常性督促检查等工作。组织部门要加强有关人员抽调、信息互通、整改日常监督，对落实新时代党的组织路线等方面巡察反馈意见的整改情况开展经常性督促检查，把巡察整改落实情况和巡察工作情况纳入被巡察党组织领导班子年度考核等范围，切实用好巡视巡察成果。督查部门要对党风廉政建设等方面巡察反馈意见的整改情况开展经常性督促检查，健全把巡察整改落实情况纳入被巡察党组织领导班子落实全面从严治党主体责任考核范围。充分运用审计、财务部门的专业力量和监督成果，探索推进“巡审一体化”工作机制，巡察期间同步开展对被巡察单位党政一把手经济责任审计。加强与网信、宣传部门协作，注重网络舆情和意识形态方面问题的收集和分析研判。信访等其他职能部门要及时通报情况、提供政策咨询、给予专业人员和技术支持、督促加强相关领域问题整改。二级学院纪委主要是在学校纪检监察机构的指导下，协助做好巡前通报、被巡察党组织整改落实情况的日常监督、巡察移交问题线索处置等工作，形成系统集成、协同高效的监督体系。

(三)加强队伍建设,打造忠诚干净担当的巡察铁军

加强组织干部部门与巡察机构协作配合,制定巡察人才库建设与管理相关制度,定期对巡察人才库人员进行动态调整。健全巡察组组长、副组长选配机制,巡察组组长的能力水平一定程度决定着巡察工作质量,因此要严把政治关、廉洁关、能力关。建立拟提拔干部、优秀年轻干部到巡察岗位锻炼制度,选优配强巡察干部,及时了解掌握参与巡察工作的年轻干部的政治素质和日常表现,作为提拔任用的重要参考依据。注重加强巡察干部培训。积极组织巡察干部培训班,校内外专家讲座,扎实做好“以干代训”,选派优秀干部参与市委巡视、市教育两委巡察,强化实战练兵,提高巡察干部政治能力和监督本领。健全巡察激励约束机制。加强巡察干部工作纪律、保密纪律教育,签订保密协议书,明确脱密期管理。每轮巡察结束后,为巡察干部出具工作表现鉴定,归入干部个人人事档案,作为干部考核的依据。对不适合参加巡察工作的干部及时调整。切实把巡察岗位作为发现、培养、锻炼干部的重要平台。

综上所述,高校巡察作为高校监督系统的重要组成部分,是党和国家监督体系的子系统。健全高校巡察协作配合机制,深化推进巡察监督与其他监督贯通协调,既是完善党和国家监督体系的客观需要,也是推进巡察工作高质量发展的必然要求[4]。高校应进一步总结协作配合经验,完善相关工作机制,把不通的环节打通,把不足的短板补齐,促进各类监督更加系统集成、协同高效,形成监督整体合力,以党的建设和全面从严治党成效加强党对高校工作的全面领导、引领保障事业高质量发展。

参考文献

[1]巡视巡察参考——中央单位专刊[J].中央巡视工作领导小组办公室,2023(2):1-3.

[2]王彧.发挥巡视综合监督作用和联系群众纽带功能[J].中国纪检

监察,2021(7):34-37.

[3]姚君君,王瓅苑.高校巡察与其他监督贯通融合路径研究[J].国家教育行政学院学报,2022(7):81-87.

[4]黄存金.健全新时代高效巡察协作配合机制的思考[J].中国高等教育,2022(12):51-53.

高校巡察克服熟人社会监督难的问题与对策研究

天津商业大学

苗敬臣

摘 要：高校内部巡察是高校落实全面从严治党主体责任的重要举措，对于促进高校的事业发展起着至关重要的作用。然而在实际工作中高校巡察工作是在“熟人社会”背景下进行的，存在着巡察组发现问题有难度、线索查找不清晰、被巡察单位反映问题有顾虑、后期整改力度小等问题。为此应当从加强巡察干部人才队伍建设、深化高校巡察制度改革、创新巡察方式等方面入手，斩断“人情”链条，切实发挥巡察“利剑”作用，助力高校各项事业发展。

关键词：高校；巡察；熟人社会

一、高校开展巡察的重要意义

（一）巡察是落实党中央工作部署的必然要求

2017年，党中央在修订后的《中国共产党巡视工作条例》中创新加入巡察制度[1]，在党的十九大报告中对巡视巡察工作提出新的更高的要求，强调要“深化政治巡视”“建立巡视巡察上下联动的监督网”[2]。2018年，党中央和教育部党组先后出台五年巡视工作规划，分别对党和国家、教育系统巡视巡察工作作出总体部署。2020 年 4 月,教育部党组出台直属高校巡察工作指导意见,为高校开展巡察工作提供了根本遵循。2020 年 12 月,中央办公厅印发《关于加强巡视巡察上下联动的意见》,为推进巡视巡察上下联动作出顶层设计、提供制度支撑。2021 年 1 月,十九届中央纪委五次全会工作报告强调要推进巡视巡察上下联动,充分发挥党内监督利剑和密切联系群众的纽带作用,提高监督实效,推进新时代巡视巡察工作高质量发展[3]。二十届中央纪委二次全会再次强调,加强巡视整改和成果运用,完善巡视巡察上下联动工作格局[4]。2022 年 10 月,习近平总书记在党的二十大报告中强调,发挥政治巡视利剑作用,加强巡视整改和成果运用。落实全面从严治党政治责任,用好问责利器。2023 年 1 月,习近平总书记在二十届中央纪委二次全会上发表重要讲话,指出要把巡视利剑磨得更光更亮,勇于亮剑,始终做到利剑高悬、震慑常在。因此高校内部巡察工作是党章赋予的重要职责,也是全面加强党的建设的重要举措。

(二)巡察是推进高校全面从严治党的内在要求

目前高校基层党建存在着一些共性问题,比如“三会一课”流于形式、学生党员发展不规范、党委会和党政联席会议事规则不明确等,最终导致高校二级党组织政治功能发挥不充分。习近平总书记强调:“加强党对高校的领导,加强和改进高校党的建设,是办好中国特色社会主义大学的根本保证。”[5]高校巡察是“政治体检”,是党委强化管党治党责任、落实立德树人根本任务的有力抓手,是保障学校事业健康发展的重要利器。因此做好巡察工作对于加强党的领导和建设,落实立德树人根本任务具有重要的推动作用。

(三)巡察是推进高校治理体系和治理能力现代化的关键一招

随着高校各项事业的深入发展,特别是教育的改革不断深化,目前高校在人才引进、学科建设、招生就业、职称评聘、师资队伍建设等方面均遇到了瓶颈,有些问题单凭一个学院或者一个部门是无法彻底解决的。高校巡察则是充分调动了全校力量,涉及师资队伍建设可以协调人事处、教务处和教师工作部,涉及学科建设可以统筹教务处、研究生部、学工部等部门,涉及经费支持则可以协调财务处。总之,高校巡察对于被巡察单位来说,可以借助这次机会解决过去想解决而自己无法解决的事情;对于高校而言,则可以检验自身内部各部门、各单位之间的工作衔接程度,考验校党委的顶层设计和统筹协调能力,因此巡察已成为提升高校内部治理体系和治理能力现代化水平的关键一招。

二、"熟人社会"对于高校巡察工作的影响

(一)"熟人社会"导致巡察发现问题有难度

在高校中教师和行政管理人员碍于同事之间、上下级之间的各种关系,对于很多学校和学院发生的各种情况多数会三缄其口,不会进行过多的评论和发表意见,更不会互相拆台,互相留有余地,认为做好自己的本职工作即可。这种思想对于确实存在的违法乱纪、违规违纪行为其实是纵容和包庇,在巡察特别是谈话时很难发现问题。还有就是"好人主义"思想导致避重就轻谈问题,特别是对于本部门切实发生过的相关事情只谈对自己有利的一方面,或者就是说学院一切都好,自己很满意,不会向巡察组提供任何有价值的线索,导致巡察组不能掌握具体事件的关键信息。同时由于目前高校巡察组工作人员多是由各个部门和学院临时抽调组成,且以年轻干部为主,碍于"人情"和未来职业发展的考虑,个别巡察干部在开展工作时有顾虑,担心在巡察过程中过于严厉认真会得罪人,最终影响自己的前途,所以会出现消极巡察,不想深挖被巡察学院的问题。

(二)"熟人社会"导致线索查找不清晰

在具体工作中主要体现在走风漏气,提前打招呼,通过各种渠道找

“熟人”等。例如,巡察组需要和被巡察学院的教职工进行谈话来找到某个反映问题的线索或者通过谈话来印证某一具体问题,在此期间可能只有前几位谈话人的谈话内容具有较大的参考价值,因为在谈话后被巡察单位的联络员或者被谈话人可能会将巡察组的问题通过各种方式来告知其他谈话人,导致越到最后的谈话内容越一致,从而失去了谈话的意义。一部分师生对于巡察组是充满期待的,希望通过巡察来解决所在单位存在已久的一些顽瘴痼疾,但是又有所顾虑,尤其是教职工人数比较少的单位,彼此之间都很熟悉,更是担心反映问题被推断出来,被“穿小鞋”,担心巡察结束后的打击报复,所以最终瞻前顾后,无法向巡察组提供有价值的线索。

(三)“熟人社会”导致被巡察单位反映问题有顾虑

如前文所述,高校有其特有的“封闭性”和“人情”,在巡察过程中被巡察单位在撰写工作情况报告时会出现避重就轻的现象,特别是涉及年轻领导干部时,考虑到未来职业晋升和对当前工作的影响,在报告中一般不提或者少提相关问题。在个别谈话或者查找线索时,谈话对象或者相关知情人担心巡察组工作人员和本单位的相关人员有直接或者间接的关系,会导致消息的泄露,这种不信任感导致被巡察单位人员面对巡察组的走访调查不愿多谈、不愿深入谈、不主动提供线索。目前高校巡察也处于不断完善中,被巡察单位对于高校巡察组能否发挥实质性作用、能否真正解决本单位在事业发展中存在问题和困难抱有怀疑态度,甚至有的直接对巡察组说:“和你们说了也没有用,你们也解决不了。”这种互不信任的局面不但不利于巡察组了解真实情况,更不利于被巡察单位解决发展“瓶颈”,进而影响高校整体的发展。

(四)“熟人社会”导致后期整改落实力度小

做好巡视巡察“后半篇文章”,关键要在整改落实上发力。当前一部分干部群众对于高校巡察的意义还了解不够深入、不能理解,有的认为巡察组开展的各项工作就是为了完成既定工作而来的,起不到真正解决问题的作用。个别单位领导干部主动接受整改、参与整改的积极主动意识不强,认为反正大家都是“熟人”,过于较真反而会影响“团结”。“过关”心态作祟,认为最后巡察报告出了,巡察反馈会开完了也就没事了,从而导致整改落实推进不够有力。同时由于巡察组人员都是从学校其他部门临时抽调而来,一般在巡察反馈会后又回到原来部门从事原来的工作,加上后期整改持续时间较长,跨度较大,巡察组也无法全程参与被巡察单位的后期整改落实,多数时候是依靠会议进行“材料”监督,依靠电话进行“口头”监督,无法实现对整改情况的全面跟踪检查。

三、高校巡察克服熟人社会监督难应采取的对策

(一)加强巡察干部人才队伍建设

如前文所述,巡察小组成员由各个部门临时抽调的教职工组成,小组成员分管工作千差万别,有专职辅导员、组织员、档案员、教学秘书、学校财务处教职工、保卫处教师等,这一部分教职工在各自领域都是出类拔萃的,但是大部分之前从未参与过巡察工作,对于巡察工作重点不了解,巡察工作技巧还处于摸索阶段。因此在巡察工作正式开展之前可以进行 2-3 周的脱岗集中培训,巡察办应和被抽调单位做好沟通和协调,在此期间原单位无须安排其相关工作,同时巡察办可以对巡察小组成员进行专业理论知识学习、巡察各项规章制度培训,协同驻校纪检监察组到廉政教育基地进行警示教育、邀请辖区政府巡察工作人员进行专题分享和培训,从思想上、认识上、工作水平上全方位提高巡察小组成员的工作能力,切实发挥好利剑作用。

(二)优化巡察干部的选择和任用

目前全国多数高校的巡察工作由本校的巡察工作办公室负责(简称“巡察办”),各高校巡察办人员配置较少,不足以承担全校范围多轮次的

巡察工作,因此每一轮巡察开始前都会从各个部门临时抽调 6-8 名教职工组成巡察小组。小组成员来自学校不同部门,分管工作也都有较大差别,所以巡察办应做好巡察人才库的更新和调整,确保每一轮巡察小组中都包括具备巡察经验的干部,这样更有利于工作的开展。与此同时,还要在确定巡察组成员之前协同高校人事处、档案中心等部门做好拟选用干部的背景调查,确保巡察干部和被巡察单位之间符合回避要求,特别是注意其工作经历、亲属关系等,最大限度摒除"人情""人脉"对巡察工作的影响。

(三)深化高校巡察制度改革

习近平总书记在党的二十大报告中强调:"发全党必须牢记,全面从严治党永远在路上,党的自我革命永远在路上,必须持之以恒推进全面从严治党。"[6]《中国共产党党内监督条例》明确指出,"对能发现的问题没有发现是失职,发现问题不报告、不处置是渎职,都必须严肃问责"[7]。因此巡察办要配合好驻校纪检监察组、党委组织部和党委督查室对于群众反映的在巡察过程中跑风漏气、以巡谋私、拉关系、搞形式主义的要发现一起处理一起,严肃问责处理,扩大警示教育。同时完善巡察干部考核激励机制,出台明确的考核管理办法,对于在巡察工作中表现优秀的巡察干部在后期职称评定和职务晋升中给予政策倾斜,发挥好正面激励作用,鼓励巡察干部干事担当、积极作为。

(四)交叉巡察提升巡察质效

破解高校"熟人社会"监督问题,必须进行巡察方式的创新,可以由省教育厅和省纪委监委组织牵头采取同城高校在巡察组人员配备上互相交叉,或者高校间互相交叉巡察的工作方式,充分发挥校外巡察干部"生面孔""无所畏惧"的优势,减少人情、面子等不良因素的干扰,这样能最大限度地避免"熟人打招呼"的现象,提升被巡察单位师生反映问题线索的积极性和主动性。做好交叉巡察的经验总结,不断推进同城各高校之间的学习交流,不断取长补短、扬长避短,互相借鉴经验,从而逐步提升巡察工作的质量和效果。

参考文献

[1]中共中央关于修改《中国共产党巡视工作条例》的决定[EB/OL].(2017-07-01)[2021-10-04].http://www.gov.cn/zhengce/2017-07/14/content_5210576.html.

[2]习近平.决胜全面建成小康社会　夺取新时代中国特色社会主义伟大胜利:在中国共产党第十九次全国代表大会上的报告[M].北京:人民出版社,2017.

[3]赵乐际在十九届中央纪委五次全会上的工作报告[EB/OL].(2021-03-15)[2021-10-08].https://www.ccdi.gov.cn/special/sjj5cqh/sjj5cqh_yw/202103/t20210316_237958.html.

[4]李希.深入学习贯彻党的二十大精神,在新征程上坚定不移推进全面从严治党——在中国共产党第二十届中央纪律检查委员会第二次全体会议上的工作报告[EB/OL].(2023-1-9)[2023-2-15].https://www.ccdi.gov.cn/toutiaon/202301/t20230110_240984.html.

[5]王顺洪.用高质量党建引领一流高校建设(新论)[EB/OL].(2019-7-15)[2023-2-15].https://baijiahao.baidu.com/s?id=1638521194652640515&wfr=spider&for=pc.

[6]习近平.高举中国特色社会主义伟大旗帜为全面建设社会主义现代化国家而团结奋斗:在中国共产党第二十次全国代表大会上的报告[N].人民日报,2022-10-26(001).

[7]本书编写组.《关于新形势下党内政治生活的若干准则》《中国共产党党内监督条例》辅导读本[M].北京:人民出版社,2016:65.

高校巡察融入巡视巡察上下联动工作格局的探索与实践①

天津职业技术师范大学

马晓蕾　李婷婷　李丹

摘　要：必须坚持系统观念，是党的二十大报告提出的继续推进理论创新的科学方法，也是习近平新时代中国特色社会主义思想的立场观点方法的重要体现[1]。加强巡视巡察上下联动，是坚持系统观念的重要体现，是推进党内监督的重要举措，是新时代巡视工作深化发展的突出特点，也是巡视巡察立足新发展阶段、贯彻新发展理念、构建新发展格局的有力举措。本文以高校巡察工作实践为例，探讨巡视巡察有序衔接、同向发力，形成上下联动工作格局的方法与路径，为不断提高高校巡察工作质量提供参考和借鉴。

关键词：巡视巡察；高校巡察；上下联动；方法路径

建立健全巡视巡察上下联动监督网，是党的领导政治优势和制度优势的具体体现，是推动政治监督深化发展的重要抓手[2]。高校巡察作为对高等教育领域开展巡视的延伸拓展，是落实立德树人根本任务的政治保障，是高校党委落实全面从严治党主体责任，推动全面从严治党向纵深发展、向基层延伸，打通党内监督“最后一公里”的战略性制度安排[3]，随着中央关于巡视巡察上下联动有关制度的出台，高校巡察主动融入上下联动工作

① 本文是市委巡视机构重点调研课题“关于建立指导督导机制，深化巡视巡察上下联动研究”子课题延伸成果。

格局，不断深化和提升高校巡察工作质效。

一、巡视巡察上下联动制度的发展历程

巡视巡察上下联动制度的形成经历了一个探索发展过程[4]，是伴随着新时代党内监督体系发展而不断发展完善的。2016 年《中国共产党党内监督条例》、2017 年《中国共产党巡视工作条例》中先后增加了建立巡察制度的条款，为探索上级巡视与基层巡察的联动提供了制度依据；2020 年中央办公厅印发《关于加强巡视巡察上下联动的意见》，是党中央深入总结新时代巡视工作实践经验、深化规律性认识、明确高质量发展要求的重要制度成果[5]；2023 年中共中央办公厅印发《中央巡视工作规划（2023—2027 年）》，明确构建上下联动的工作格局，成为党和国家监督体系的重要组成部分，对贯通协同和市县巡察提出了新部署、新要求[4]。

阶段	时间	内容
党的十八大之前，部分尝试巡视巡察上下联动工作[4]。	2011 年	上海市建立"三个平台"和"九个机制"，探索巡视与巡察的联动[6]。
党的十八大期间，探索实施中央与省、自治区、直辖市巡视之间的上下联动。	2014 年 10 月	习近平在听取中央巡视情况汇报时指出："省区市党委必须坚决贯彻中央巡视方针，深化聚焦转型，做到横向全覆盖、纵向全链接、全国一盘棋，上下联动遏制腐败现象蔓延势头。"[7]
	2016 年 10 月	修订《中国共产党党内监督条例》，明确"建立巡察制度，使从严治党向基层延伸"[8]。一些地方党委在推进巡视监督的同时探索基层巡察工作，着力实现巡视与巡察的上下联动。
	2017 年 7 月	修改《中国共产党巡视工作条例》，增加"党的市（地、州、盟）和县（市、区、旗）委员会建立巡察制度，设立巡察机构，对所管理的党组织进行巡察监督"[9]。

续表

阶段	时间	内容
党的十九大之后,巡视巡察上下联动成为一项重要的巡视巡察战略举措。	2017 年 8 月	中共中央办公厅印发《关于市县党委建立巡察制度的意见》,明确要求坚持巡视巡察一体谋划、一体部署、一体推进,建立健全巡视巡察上下联动机制。
	2017 年 10 月	党的十九大报告明确指出:“深化政治巡视,坚持发现问题、形成震慑不动摇,建立巡视巡察上下联动的监督网”[10]。修改党章,对巡视巡察制度作出规定,为巡视巡察上下联动提供了根本遵循。
	2018 年	中共中央办公厅印发《中央巡视工作规划(2018—2022 年)》,对建立巡视巡察上下联动工作机制作出详细部署,实现全国“一盘棋”。一些地方开始创新巡视巡察上下联动的方式方法,开展上下联动实践探索。
	2019 年	中央巡视工作领导小组先后部署开展了脱贫攻坚、涉粮问题专项巡视巡察,部分省区市开展了人防领域等专项巡视巡察,巡视巡察上下联动的实践探索得到不断深化。
	2020 年 12 月	中共中央办公厅印发《关于加强巡视巡察上下联动的意见》,标志着巡视和巡察上下联动、全国“一盘棋”的工作格局正在形成。
	2021 年 3 月	天津市印发《关于加强巡视巡察上下联动的实施办法》
党的二十大对巡视巡察上下联动作出新的部署,强调完善工作体制机制。	2023 年 3 月	根据党的二十大部署,中共中央办公厅印发《中央巡视工作规划(2023—2027 年)》,对深化巡视巡察上下联动和贯通协调提出“五个推进”的要求,推进完善巡视巡察工作体制机制[11]。

二、高校巡察制度的深化发展

开展高校巡察工作,是接棒省市级巡视监督的重要制度,职能下沉,标准不变,形成同频共振的工作格局、同向发力的监督效应、有效贯通的监督体系。高校巡察具有巡察主体和对象的特定性,要结合高等教育工作重点和不同高校的专业特点,因地制宜,借鉴好方法,探索新思路,积极主动融入巡视巡察上下联动格局之中，逐步形成一套适应高等教育特点、符合高校实际情况的巡察工作机制。

(一)用习近平总书记关于巡视工作的重要论述统领高校巡察工作

习近平总书记关于巡视工作重要论述是习近平新时代中国特色社会主义思想的重要组成部分，集中体现在七个方面[14]：一是确立巡视工作方针，明确新时代巡视工作职责使命。二是创新提出政治巡视理论，明确新时代巡视工作政治定位。三是坚持严的主基调，明确新时代巡视全覆盖要求。四是强化上下联动，明确新时代巡视战略格局。五是加强贯通融合，明确新时代巡视综合监督作用。六是强化整改整治要求，明确新时代巡视整改责任体系和工作机制。七是强调依规依纪依法，明确新时代巡视工作规范化、政治化、正规化要求。以上七个方面既是巡视工作的行动指南，也是巡察工作的基本遵循，巡察工作要融入巡视工作的话语体系，遵循巡视工作方针，根本任务是做到“两个维护”，价值取向是以人民为中心，监督重点是“三个聚焦”，监督标准是“四个对照”，监督路径是“四个紧盯”，从工作程序和工作内容上与巡视工作保持高度一致。

(二)建立符合高校特点的巡察工作体制机制

建立“两责任、四个严、三保障”的学校党委巡察工作机制和“三反馈、三通报、三清单、三报告、三个紧盯”的巡察“后半篇文章”工作体系。“两责任”即全面从严治党主体责任和第一责任人责任。“四个严”即严肃巡察工作纪律、严格巡察工作时间、严密巡察工作制度、严谨巡察工作程序。“三保障”即条件和物资保障、培训保障、经费保障。“三反馈”即巡察情况向被巡察党组织主要负责人反馈、向领导班子成员反馈，整改情况向被巡察党组织全体师生反馈。“三通报”即巡察情况向分管校领导通报、向师生群众通报，加大党内通报力度。“三清单”即巡察反馈问题清单、巡察整改责任清单和任务清单。“三报告”即被巡察党组织巡察整改情况报告、主要负责人巡察整改主体责任报告、领导班子成员履行整改责任情况报告。“三个紧盯”即紧盯反馈问题的整改落实、紧盯移交问题的查办、紧盯普遍性问题整改。

(三)因时因势调整巡察监督着力点和工作举措

结合高等教育特点,围绕“三个聚焦”,量身打造“政治体检表”。把习近平总书记关于高等教育领域工作的重要讲话和重要指示批示精神,党中央关于思想政治教育、意识形态工作、大学生就业等重大决策部署作为巡察重点,紧盯招生考试、科研经费、师德师风、学术诚信、人才招聘等社会和师生高度关注的重点领域制定政治体检表,确保政治巡察具体化、清单化。

三、高校巡察融入巡视巡察上下联动工作格局的思路举措

巡视在形成震慑上效果明显,巡察在紧贴基层上作用突出,构建巡视巡察上下联动工作格局的目的是通过制度传导、压力传导延伸监督触角、提升监督实效[12]。高校巡察要找准职责定位,充分发挥高校巡察机构的作用,以上促下、同向发力,统分结合、一体推进,深化构建系统集成、协同高效的监督格局,真正做到从“形”到“神”都联动起来,贯通起来,无缝对接[13]。

(一)主动接受巡察指导督导,精准落实政治巡察要求

主动接受、积极配合市委巡视和巡察工作专项检查,在主体责任履行、体制机制建设、机构队伍建设、巡察成果运用四个层面向接受巡视工作的传导指导;选拔干部进入市委巡视组,以整组嵌入的方式配合完成巡视巡察上下联动工作任务。

（二）加强巡察制度建设，以制度贯通带动上下联动

按照中央和市委巡视巡察工作最新精神，不断完善巡察工作规划，制定工作规则，制定和完善巡察整改报告制度、整改评价机制和信息公开机制等巡察“后半篇文章”制度，制定和完善巡察办内部管理制度机制，推动巡察工作制度化、规范化、专业化。

（三）借势“接力巡”，主动融入巡视巡察上下联动工作格局

将巡视反馈的属于巡察监督范围的重点问题和需要继续深入了解的有关问题纳入巡察监督重点内容，以“接力巡察”的方式推动巡视反馈问题持续整改、全面整改、系统整改，做到横向到边、纵向到底，上下联动、协调配合，上借下力、下借上势。

（四）持续加强学习和培养培训，建设高素质巡察队伍

建立和完善巡察培训师资库、教材库和课程库，建立巡察培训工作体系，遴选优秀干部参加校内巡察和上级巡视，以普遍培训、巡前特训、边干边训、以干代训等多种方式对巡察干部进行教育培训，提高巡察干部的政治素养、工作能力和专业化水平。

（五）用好巡察成果，做实“后半篇文章”

建立巡察线索分类移交、整改评价结果分别呈报等工作机制，督促和指导各职能部门优先办理、尽快办结巡察移交的问题线索，构建工作闭环。充分运用巡察成果，推动相关职能部门对巡察普遍性问题进行专项治理，未巡先改、举一反三、防微杜渐，推动堵塞制度漏洞，解决共性问题，做到标本兼治。

(六)构建全方位协同联动工作体系,主动融入党内监督体系

在高校内部,以思想贯通、责任贯通、机制贯通和组织贯通“四个贯通”为目标,建立“五个联动”工作体系,即谋划部署上下联动、信息沟通左右联动、成果运用共享联动、监督力量贯通联动、整改推动协同联动,强化“一盘棋”思想,打通巡察监督与其他监督贯通融合的有效路径。

参考文献

[1]习近平. 在二十届中央政治局第四次集体学习时的讲话[G]. 求是,2023. 5(10):1-5.

[2]中央巡视工作领导小组办公室. 巡视工作概论[M]. 北京:中国方正出版社,2022:98-99.

[3]宋福圣. 许会博. 宋锟. 从严治党视域下高校巡察多维度优化策略研究[J]. 辽宁经济职业技术. 辽宁经济管理干部学院学报,2023(3):54-57.

[4]庄德水. 新时代巡视巡察上下联动的机制建构与发展策略[J]. 中共天津市委党校学报,2021(4):51-59.

[5]中央纪委国家监委网站. 学习贯彻《关于加强巡视巡察上下联动的意见》[EB/OL]. [2021-06-03] https://www.ccdi.gov.cn/lswhn/lilun/202106/t20210603_142792.html.

[6]中央巡视工作领导小组办公室. 总结经验 把握规律 努力提高巡视工作科学化水平[M]. 北京:中国方正出版社,2012.

[7]习近平总书记关于发挥巡视利剑作用重要论述摘录[J]. 中国纪检监察,2016(8).

[8]中国共产党党内监督条例[N]. 人民日报,2016-11-03.

[9]中国共产党巡视工作条例[N]. 人民日报,2017-07-05.

[10]习近平.决胜全面建成小康社会 夺取新时代中国特色社会主义伟大胜利——在中国共产党第十九次全国代表大会的报告[N].人民日报,2017-10-18.

[11]中央巡视工作领导小组办公室主要负责人就《中央巡视工作规划(2023-2027年)》答记者问[EB/OL].[2021-03-16]https://baijiahao.baidu.com/s?id=1765653991016155307&wfr=spider&for=pc.

[12]黎晓宏.深化政治巡视 发挥全面从严治党利器作用[J].中国纪检监察,2016(5):14-16.

[13]中央巡视工作领导小组办公室.市县巡察工作[M].北京:中国方正出版社,2022:97.

高校巡察队伍建设策略刍议

天津职业技术师范大学

李志婧

摘　要：作为培养社会主义建设者和接班人的摇篮，高校是党的建设的坚实阵地，也是政治建设的重要高地。开展校内巡察有效打通了高校全面从严治党“最后一公里”，巡察队伍的能力和水平直接影响到高校巡察工作的质量和成效。本文试图从三个方面去阐释如何加强高校巡察队伍的建设。

关键词：高校；巡察队伍；建设

高校党委肩负着管党治党、办学治校的主体责任，必须加强党的全面领导、强化政治监督、坚持正确政治方向。巡察是巡视向基层的延伸和拓展，在高校开展巡察工作，对全面加强党对高校的领导，加强高校党的建设工作具有重要意义，同时也是完善党内监督体系，推动全面从严治党向纵深发展的重要抓手。准确发现问题是确保巡察工作取得实效的关键所在、命门所在，而能否精准发现问题，很大程度取决于巡察干部队伍的能力和水平。建设高素质的巡察队伍是推动巡察工作高质量发展的关键。目前大部分高校已经成立了巡察办公室，巡察组一般是依靠校内人员临时抽调组建，一定程度上存在政治素养不高、能力水平参差不齐、工作积极性不高等问题，那么如何加强高校巡察队伍建设就成为亟待解决的问题。

一、注重"优",蓄好源头活水

(一)注重优中选"优"

巡察干部需要具备敏锐的问题线索洞察力、出色的沟通能力和扎实的文字写作功底。目前高校主要通过学校各部门(单位)推荐的形式,建立巡察组长库、巡察专业人才库和巡察工作人员库。学校要建立合理的选人用人机制,突出强调推荐忠诚干净担当的高素质专业化干部的重要性,并详细制定巡察人才的资格条件;推荐单位要进一步强化"优中选优"的意识,切实注重推荐既有良好政治素质又具备卓越业务技能、协调能力突出且文字功底扎实的巡察干部。

(二)注重选"优"配强

习近平总书记强调:"发挥巡视熔炉作用,把巡视岗位作为发现、培养、锻炼干部的重要平台。"学校党委应高度重视巡察队伍的选配,将巡察工作作为考察、锻炼和培养年轻干部的重要方式。对于已进入巡察人才库的干部,组建巡察组时应坚持"选优配强"的原则,严格筛选熟悉被巡察单位基本情况,选择政治立场坚定、原则性强、业务精通以及敢于担当的领导干部作为巡察组长和副组长,并选派一定数量的优秀年轻干部参与巡察工作。必要时还需邀请相关的专家和学者加入,切实优化巡察队伍的年龄结构、知识结构和专业结构。

(三)注重"优"质培育

巡察组成员进组开展巡察工作之前,应安排政治理论和巡察业务的培训,提升其巡察综合素质和能力。培训内容首先应该包括习近平总书记对巡视巡察工作的指示批示精神、巡视巡察相关的政策文件和规章制度;其次是针对巡察各个步骤开展专门的培训,如如何通过查阅资料、谈话、处理信访等基本巡察手段发现问题线索,其间应着重培训如何从政治角度去发现、分析研判问题,以及如何最终形成高质量的巡察报告等工作技能。同时,在巡察过程中要有意识地培养和引导巡察干部发现问题的能力,不断提高他们的政治素质和业务水平。巡察结束后,巡察干部需要做好总结,学校应该根据其在巡察期间的表现和能力进行全面分析和研判,对于特别优秀的干部,应该纳入巡察人才库重点管理,保持巡察队伍的稳定性和连续性。

二、保持“纯”,严防安全底线

(一)保持理想信念“纯”

理想信念是立党兴党之基,也是党员干部安身立命之本,更是中国共产党人的精神支柱和政治灵魂。高校巡察工作面临“熟人社会”的困难,巡察干部往往存在“怕得罪人”的畏难情绪和不敢动真、碰硬的“老好人”心态。要克服这些困难,一要强化理想信念,坚持“信仰真理、捍卫真理”的决心,在巡察工作中勇于担当责任,时刻铭记校党委给予的信任和赋予的职责,本着为被巡察单位查不足、补短板、促发展的初心,真发现问题、发现真问题[1]。二要充分相信被巡察单位自觉接受巡察的政治自觉和行动自觉,充分相信师生们习惯在监督下开展工作、适应从问题中寻求突破推动事业发展。

(二)保持工作作风“纯”

先进性和纯洁性是马克思主义政党的本质属性,作风建设也是党的建设的永恒主题。巡察干部首先是一名共产党员,一定要认真贯彻落实校党委关于巡察工作的具体部署要求,严格执行党章党规和巡察工作制度,摆正位置、服从安排,以积极的心态、虚心的态度迅速进入角色,并根据组内分工发挥各自的特长和优势。拒腐防变,既要靠年轻干部严格自律,还要靠组织上严格教育管理。巡察办要发挥好巡察机制建设的作用,积极推动巡察队伍建设、管理、服务及各类保障,坚持严管和厚爱相结合,对违反工作纪律的巡察人员及时调整出库并依纪依法追责,确保巡察干部队伍的纯洁性[3]。

三、聚焦"专",锻造过硬本领

(一)聚焦政治素质"专"

习近平总书记在党的二十大报告里指出:坚持把政治标准放在首位,做深做实做细干部政治素质考察,突出把好政治关、廉洁关。实践中着重考察政治判断力、政治领悟力、政治执行力。巡察工作是政治巡察,高校巡察工作肩负着监督被巡察党组织落实立德树人根本任务的重大政治责任,巡察干部必须旗帜鲜明讲政治,具备过硬的政治素质、政治辨别力和政治敏锐性,能够透过表面现象发现问题本质,用政治眼光审视发现的问题,这就要求巡察干部不断加强理论学习、厚实理论功底,强化活学活用的本领,坚持用新时代党的创新理论观察实际情况、研究实际问题、解决实际困难,真正达到巡察发现问题,形成震慑的目的[3]。

(二)聚焦业务能力"专"

巡察干部不仅要有坚定的政治站位、过硬的政治能力,还需要具备较强的专业能力。专业能力方面,高校巡察工作涉及党政、组织、财务、审计、资产、宣传等方面[4],巡察干部必须具备极强的业务能力,才能在巡察过程中更快更准地发现实质性问题。一是在组建巡察组前,就要充分考虑被巡察单位的特点,据此吸纳、组建各类专业背景人才入组;二是在巡察期间,巡察干部不仅要强化专业背景、业务背景知识的再学习,更要注重在巡察工作中边察边学、学用结合,把专业化能力和专业化精神贯通起来,做到巡察工作有法可依、有章可循。

(三)聚焦工作内容“专”

高校巡察工作任务繁重,时间紧迫,巡察干部在借调期间经常需要加班加点完成巡察任务,大部分人还需要平衡巡察工作和本职工作的关系,当本职工作比较繁忙时,巡察组成员投入到巡察工作的时间和精力势必受到影响,因此,为保证巡察干部全身心投入巡察工作,应该保证“全脱产”,专门从事巡察工作。同时无论是按照巡察准备、巡察了解、巡察报告、巡察反馈、巡察移交、整改督办、立卷归档 7 个方面的内容,还是“三个聚焦”的巡察重点,都应该结合巡察干部的业务背景,将巡察干部进行严格、细致的分工,专注于某个或某些方面,以有利于工作的专业性和科学性,从根本上提升巡察工作的质量。

习近平总书记对党的建设和组织工作做出的重要指示,突出了全面从严治党这一主题主线,高校巡察工作质量关系到全面从严治党在高校的落地见效。高校巡察队伍的建设需要在学校党委的统一部署下,学校各个部门(单位)协同配合,巡察办具体负责巡察干部建设的相关工作,要始终坚持将政治标准放在首位,重在选、培、用,每个阶段都应严格坚持“优、纯、专”,锻造“铜墙铁壁”般的巡察队伍,真正达到以巡促改、以巡促建、以巡促治的目的,助推学校事业的发展。

参考文献

[1]杨娜. 关于加强高校高素质巡察干部队伍建设的若干思考[J]. 北京教育(高教版),2021(10):79-80.

[2]张书颖. 新形势下高校高质量做好政治巡察工作刍议[J]. 教育教学论坛,2023(21):21-24.

[3]李月亮. 新形势下加强巡察干部队伍建设的几点思考[J]. 世纪桥,2019(4):50-51.

[4]许剑,赫铭,马坤,等. 新时期高校巡察干部队伍建设路径探析[J]. 中文科技期刊数据库(全文版)社会科学,2020:55-57.

推进高校政治监督具体化、精准化、常态化的探索与实践

天津财经大学

马静

摘　要：高等教育作为我国现代教育体系的重要组成部分，具有培养人才、推动科学技术进步和促进社会发展等多重使命，是国家和民族未来之希望。加强高校巡察政治监督是坚持党对高校的全面领导、推进高校全面从严治党向纵深发展的重要保障。本文从高校政治巡察的必然要求、实践探索、存在不足及对策建议等方面进行探讨，旨在提出一些具有针对性和实践意义的思考与建议，以期推进高校巡察政治监督更加具体化、精准化和常态化。

关键词：高校巡察政治监督；立德树人；从严治党

一、深刻理解新时代党的政治监督的丰富内涵，强化高校巡察政治监督是新时代必然要求

习近平总书记在第二十届中央纪律检查委员会第二次全体会议上指出，要把巡视利剑磨得更光更亮，勇于亮剑，始终做到利剑高悬、震慑常在。高校作为立德树人的重要阵地，肩负为党育人、为国育才的重要使命，必须深刻认识全面从严治党的重要性和紧迫性，切实把握高校巡察政治监督的内容，综合运用政治监督各种方法，积极推进高校巡察政治监督实践，努力将党的政治优势和组织优势转化为促进高等教育事业发展的强大动力。

强化巡察政治监督是加强和推动党的政治建设的重要保证。在党的纪律中,政治纪律是最重要、最根本、最关键的纪律,严明党的政治纪律是党的政治建设的重要内容,围绕执行党的政治纪律情况开展监督检查,是加强党的政治建设的重要保证。同时,党的政治建设是党的根本性建设,坚持党中央权威和集中统一领导是党的政治建设的首要任务,必须通过强化政治监督来推动加强党的政治建设。

加强高校政治监督是坚持党对高校的全面领导、推进高校全面从严治党向纵深发展的必然要求。十九届中央第七轮巡视公布了对中管高校的巡视反馈意见,通过对巡视反馈情况进行统计分析,发现在党的政治建设范畴,中管高校普遍存在党的领导不力、党的建设弱化、履行“两个责任”不到位的问题。中央巡视反馈情况说明,高校绝非净土,党的领导弱化、党的建设缺失、全面从严治党不力问题突出,影响党对高校的全面领导,影响高校立德树人根本任务的落实,因此必须加强新时代高校政治监督,推进高校全面从严治党向纵深发展,确保中国特色社会主义大学办学方向不偏离、不动摇。

二、高校巡察政治监督的实践探索

通过深入调研发现,高校巡察政治监督工作开展呈现出以下特点:一是党委高度重视,坚决践行“两个维护”。高校党委认真落实管党治党、办学治校主体责任,切实加强党对高校的全面领导,围绕高校立德树人根本任务,开展一系列有益探索并逐步深化政治监督工作,各高校都把加强巡察政治监督作为全面从严治党重点任务加以落实。二是完善巡察监督制度机制,推动巡察政治监督规范化。各高校都注重推进巡察政治监督具体化、精准化、常态化,注重完善工作机制。三是围绕重点开展巡察监督,确保立德树人根本任务的落实。各高校都注重把握巡察政治监督重点,对学校党委贯彻落实党中央重大决策部署和习近平总书记重要指示批示精神,落实党的教育方针和党建、思想政治工作、意识形态工作,落实巡视巡察整改任务等情况进行监督。四是多种监督方式并用,着力提高监督实效。各高校派驻纪检监察机构在做好日常监督的基础上,不断探索有效的监督方式方法,推进派驻监督同其他各类监督贯通融合,加强部门间协同,形成监督合力,完善巡察整改监督制度建设,推进高校巡察“后半篇文章”落地见效。

三、高校巡察政治监督存在不足

(一)对高校巡察政治监督内涵的认识还不够深刻

高校部分党员干部对高校巡察政治监督主体的认识还不够统一,对巡察政治监督内涵认识还不够清晰,思想上的认识不足导致实践层面上的问题凸显。以某高校为例,面向具有巡视巡察经历的同志发放问卷,26. 19%的同志认为聚焦政治巡察有偏差,30. 95%的同志认为巡察工作与立德树人根本任务结合得不够紧密。

(二)巡察政治监督的方式方法还不够丰富

目前开展巡察政治监督的方式大多还停留在传统的监督方式层面,如列席会议、听取汇报、查阅资料、个别谈话等,新的巡察监督手段还较少,信息化、大数据等手段在巡察政治监督领域的应用还不够。以某高校为例,面向各二级党组织以及具有巡视巡察工作经历的同志发放问卷,调查结果显示,50%以上的同志对巡察工作方法的认识仍停留在以上传统监督方式。

(三)巡察政治监督的效果还不够明显

结合学校实际工作的具体化还不够,深入性不足,巡察政治监督在突出重点、找准靶心、精准发力等方面还存在欠缺,对于反馈的意见整改落实情况检查督促的力度不够,巡察政治监督的结果运用也不充分。以某高校为例,面向各二级党组织发放问卷,调查结果显示,48.22%的同志认为巡察政治监督的广度和深度有欠缺,26.19%的同志认为聚焦政治巡察有偏差。

(四)监督队伍的能力素质还有待提升

部分巡察干部队伍存在不会、不善监督问题,主要表现为政治监督意识不强、政治敏锐性和鉴别力不强等,同时抽调巡察干部普遍反映自身存在能力不足、本领恐慌的情况。以某高校为例,面向各二级党组织发放问卷,调查结果显示,37.15%的同志认为巡察干部队伍专业化能力不足是制约当前巡察工作高质量发展的主要因素。巡察工作的专业性、政策性很强,涉及党建、财务、教学、管理等学校各个领域,现有专兼职巡察干部多由基层职能部门干部、院系管理人员、组织员等抽调人员组成,相对专业结构单一,专业技术人员凤毛麟角,且绝大多数干部缺乏工作实战经验,处于"摸着石头过河"的状态,发现、分析问题的能力及知识结构、谈话艺术、政策理论水平等方面均较为薄弱,容易出现方向定位不准、尺度把握不牢、问题检查不深等问题,对巡察工作的支撑力度稍显不足,从而增加了政治监督工作的难度。

四、加强高校巡察政治监督的对策建议

(一)立足立德树人根本任务,把握高校巡察政治监督的内涵要求

立德树人这一根本任务是否通过监督执纪得到保障、得到提升,是高校党委巡察政治监督能否取得显著成效的重要标准。在解决"监督什么"的问题上,需要突出监督重点,立足高校立德树人根本任务,紧紧围绕党中央关于加强党的政治建设的总体部署,牢牢把握"两个维护"根本要求,推动高校巡察政治监督具体化、精准化。在工作实践中,各高校不断探索更

加有效的政治监督路径，设立了巡察办、督查室等校党委政治监督职能单位，各学院二级党委成立了同级纪委，建立健全学校政治监督组织架构，为积极推动学校各项事业健康发展提供了有力的政治保障。在巡察监督具体实践中，一是聚焦“两个维护”开展监督。高校要加强对落实党的全面领导、履行全面从严治党主体责任的监督，要坚持聚焦党中央重大决策部署，紧紧围绕以政治建设为统领推进高校党的建设、坚持社会主义办学方向、落实立德树人根本任务、推进全面从严治党向纵深发展等重大政治任务开展。要加强对严肃党内政治生活情况、思想政治工作、意识形态工作责任制落实情况、师德师风建设情况、对权力运行的制约、对中央八项规定精神落实情况等的监督。二是聚焦“关键少数”、关键岗位开展监督。巡察政治监督必须突出被巡察党组织领导集体和“一把手”这两个重点，把巡察政治监督落实到具体的人和事上，只有抓住“关键少数”，才能确保全员育人落到实处，确保社会主义办学方向不偏离。

（二）完善巡察制度设计，健全巡察工作制度体系

伴随着高校巡察政治监督工作的不断深入和全覆盖目标的一体推进，如何优化符合高校特点的巡察政治监督的制度设计，科学配置政治、行政、学术和民主监督等权力，着力提高党内政治生活质量，成为新时代高校党的政治建设的重中之重。一是完善巡察制度设计。以某高校为例，按照市委巡察指导督导组的要求，对现行巡察制度进行系统梳理，认真研究制定“废改立”清单，及时研究完善巡察工作领导小组工作规则、巡察工作办公室工作规则等多部制度修订工作。二是健全巡察工作制度体系。对标对表市委巡视工作流程指引，结合高校实际，进一步细化完善巡察工作流程规范指引。同时，借鉴市委巡视工作经验做法，将建立健全和规范巡察准备、巡前培训、巡察了解、巡察报告、巡察反馈、巡察整改等多项规范操作指引列入巡察工作年度计划，明确责任分工、完成时限，力争建成符合实际、便于操作、体现特色的巡察工作制度体系，为推动高校巡察工作高质量发展提供坚实制度保障。

(三)创新方式方法,增强巡察监督实效

解决“怎么监督”的问题,需要坚持问题导向,注重创新监督方式,发挥监督合力,确保监督实效。一是创新监督方式。实行巡察政治监督任务清单化,将巡察政治监督的重点内容细化为清单条目,实现履责“一单清”。二是形成监督合力,提升监督系统性。完善纪律监督、监察监督、派驻监督、巡察监督的监督格局,构建协调衔接、贯通融合的政治监督机制,切实把制度优势转化为监督效能。坚持部门联动,建立健全纪检、监察、组织、巡察、审计、人事、财务、信访等部门协作配合机制,强化监督资源整合,建立信息沟通机制,构建科学严密有效的监督网络。派驻纪检监察组组长与校党委书记保持经常性沟通,随时提醒,分析研判沟通政治生态建设、健全完善党委议事决策程序、选人用人导向、落实巡视整改任务等重要问题提出意见建议,为深入推动校党委建立依规治党、依法治校的长效机制打下坚实的基础。

(四)提升政治能力和业务能力,增强巡察监督本领

高校要推动巡察干部队伍的培训常态化、制度化,把巡察政治监督作为必修课纳入培训课程。各高校之间可就巡察政治监督实践中好的做法、存在问题加强交流沟通,有针对性地组织与巡察政治监督相关的业务研讨,聚焦实际问题、面临的新情况等,围绕重点、难点问题,开展深入调查研究和系统思考,增强工作的前瞻性,不断拓宽巡察监督人员的思维和视野,规范高校巡察政治监督相关理论和实践。从提升党员干部政治能力的角度,要将符合高等教育特点的党组织组织力建设纳入大学治理进程,通过制度和程序的现代化建设,规范学校机关、职能处室、各院所系等学校多元治理主体的权力与行为,增强党员干部主体责任意识和改革创新意识,提高自身正确把握方向大局能力和科学决策能力,激发积极探索与实践高等教育内涵式发展和各项综合改革的勇气和信心。

参考文献

[1]黄志坚.坚持对党忠诚　履行文化使命　奋力推动出版“国家队”高质量发展[J].机关党建研究,2022(9):17-20.

[2]王士龙.新时代中国共产党纪律建设研究[D].2020.

[3]杨雯,郭枫.全面从严治党下高校巡察工作路径研究[J].北京教育(德育),2019(2):23-26.

提升市属高校巡察工作质效之管见

天津财经大学

张淑林

摘　要：在新时代全面从严治党背景下，开展高校巡察已成为加强党内监督的重要举措和推动高校事业发展的政治保障。本文结合笔者对多年巡察工作实践的思考，通过对当前高校巡察工作存在问题和不足的归纳和梳理，尝试探究高校巡察工作质效提升的路径和方法。

关键词：高校巡察；工作质效；提升路径

一、背景

天津市属高校于 2018 年 10 月开展首轮巡察工作，截至完稿前，巡察工作已开展近五年。通过几年的工作实践，各高校党委巡察组坚持以问题为导向，扎实开展巡察工作，较好发挥了发现问题、形成震慑的作用。但巡察中也发现一些制约工作质效的问题，如对巡察工作的认知不到位、理解有偏差，巡察工作的保障和支撑不足，巡察机制制度不健全、不完善，巡察整改落实不到位等。笔者认为，只有推动解决好这些问题，才能全面提升巡察工作质效。

二、高校政治巡察工作中存在问题和不足

（一）对巡察工作认知不到位、理解有偏差

1. 对巡察工作职能定位还不够清晰

工作实践中，一些巡察机构和人员对巡察工作职能定位还不够清晰、对巡察十六字方针理解得不到位，只强调发现问题，从政治的角度分析问题的能力不足，因此，在巡察整改“后半篇文章”上只是“头疼医头、脚疼医脚”，以致类似的问题屡次出现。此外，巡察存在内容多、任务重、涉及面广等特点，工作中很容易“眉毛胡子一把抓”，难以由表及里发现深层次问题，一些巡察组也成了业务工作的“检查组”。

2. 高校内部对巡察工作的认知存在温差

高校内部对巡察工作的认识存在“上热、中温、下冷”，一般干部教师对巡察工作认知不足、重视不够，存在消极被动应付巡察的现象，抱着“多一事不如少一事”的态度，不愿主动反映问题线索。在过去的五年九轮巡察期间，师生主动来信、来电、来访以及巡察举报箱里发现线索很少；在民主测评和问卷调查环节也存在敷衍了事“一勾到底”现象；个别谈话环节，对一些敏感事项，多数被谈话者选择避而不谈或避重就轻。

（二）巡察工作的保障和支撑不足

市属高校保障和支撑的不足和短板主要表现在人员、时间和物资三个方面。

1. 人员保障和支撑不足问题

第一，专职巡察干部的配备不足问题。目前市属高校的巡察办公室多数只有 2-3 名专职干部，仅能满足日常的组织协调、部门事务性工作，很难胜任“党委一任期高质量有节奏推进巡察全覆盖”的目标任务。

第二,巡察兼职人员支撑有待加强。一方面,各高校巡察人才库难以发挥预期作用,临时组建巡察组时,存在人才库中干部所在部门业务繁忙现象,导致这些经过系统培训、掌握熟练业务知识技能的干部不能参与巡察;另一方面,临时抽调巡察干部的人员存在、流动性大、工作变动频繁等问题,导致每一轮次组建的巡察组,成员多是新兵,不同程度存在对巡察工作认知不足、能力不够、业务不熟等问题。

第三,巡察组工作人员专业化程度不高问题。巡察是专业性、政策性很强的工作,涉及方方面面,对巡察干部的能力、素质要求较高,巡察抽调的虽是精英骨干,但绝大多数缺乏巡察工作实战经验,巡察相关的业务能力和专业素养不够强,特别是从政治高度发现问题、分析问题的能力及谈话艺术和技巧等方面较为薄弱。

2. 时间保障和支撑不足问题

一方面,巡察兼职人员很难全身心投入到巡察工作。虽然巡察有相应规定,原则上巡察组不再参与本单位工作,但实践中,抽调干部很难完全不参与本单位工作。另一方面,由于巡察工作是全面“政治体检”,想要在一个月内全面了解和掌握被巡察单位整体情况,并发现问题,在确保完成工作任务和提升巡察质效之间存在着两者难以兼顾的情况下,就会出现察得不深入不细致、图形式走过场等问题。

3. 物资保障和支撑不足问题

随着巡察工作的不断深入推进,为确保巡察工作实现全覆盖的目标,一些高校巡察机构的软硬件设施急需升级,如相对独立的办公场所、较为完备的办公设备、充足的人员培训经费、适当的奖励机制等。

(三)巡察工作规范性制度不健全

市属高校巡察工作开展以来,各高校以市教育两委制定下发的各项工作制度和工作规范性流程为蓝本,加快了巡察工作制度化建设,但从目前来看,高校巡察工作尚未形成完善的机制制度体系。

(四)巡察成果运用不到位

在巡察实践中笔者发现,部分高校存在重巡察、轻整改、巡察成果落实不到位的现象,一些被巡察二级党组织只是表面上被动消极地接受巡察意见,仅是从口头上、书面上承诺整改,存在以问题说明代替实际整改,以表层问题、个性问题整改代替深层次、共性问题整改,距离坚持“三级递进”、做深做实巡察整改的要求相去甚远。

三、提升高校政治巡察工作质效的路径分析

(一)加大对巡察工作的学习宣传教育力度

1. 加强学习教育力度,提升巡察机构和人员认知水平

各高校要把提升巡察机构和巡察干部政治判断力、政治领悟力、政治执行力作为政治必修课,敦促巡察机构和巡察干部认真学习习近平总书记关于巡视工作的重要论述以及中央关于巡视工作的战略部署和要求,充分认识巡察工作的政治监督本质以及十六字方针的重要内涵,要认真研读市委每年下发的年度巡察工作指导意见,熟悉和领悟市委的部署要求,从落实全面从严治党主体责任的高度认识巡察工作,做到知责于心、担责于身、履责于行,扎实做好巡察工作。

2. 加大对巡察工作的宣传教育力度,解决认知温差问题

要切实加强基层党组织的党风廉政建设,通过营造学习重视全面从严治党和巡察工作的良好氛围,解决对巡察工作认知上的“上热、中温、下冷”,使全校上下都能提高政治站位,深刻认识巡察工作的必要性和重要性。

(二)建立完善的保障机制,进一步提高巡察工作的规范性、有效性和前瞻性

1. 健全人员保障和支撑机制

第一,建立巡察干部专职化制度。要在完善巡察干部专职化的设置模式上下功夫,建议按照师生比例,以上级政策文件形式予以明确,以便各高校党委对照落实。组建巡察组时,建议每个巡察组至少保证有一名专职干部,一方面能够协调巡察办与巡察组的工作衔接,另一方面便于了解和摸清被巡察单位的有关情况,为后续巡察整改、巡察"回头看"提供一手资料。

第二,完善巡察兼职人员的支撑体制。建议在选配巡察人才库干部时,一个角色要配备 2-3 名干部,固定为巡察兼职干部,这样能做到及时补位,而不至于因为临时抽调新手,影响整体巡察工作的质量。

第三,增强巡察工作人员培训体系。建立分级分类培训制度,日常针对组长、巡察骨干有所侧重进行不同内容培训。做好巡前培训,既要有政策理论培训,又要有落实落地的实践操作培训。通过培训,进一步提高巡察干部的政治素质、业务水平和履职能力。此外,还要积极通过"以干代训""挂职锻炼""轮岗交流"等多种形式,着力提升巡察干部整体素质。

2. 建立时间保障和支撑机制

借鉴纪委的"三转"经验,巡察工作也要定编定岗,厘清责任、回归主业,以保障巡察专职干部有充足的巡察工作时间。建立巡察干部数量充沛的巡察人才库,实施"AB 角色管理",选调巡察期间本岗工作不太繁重的干部入组。这样,便于抽调人员更加集中精力投入巡察工作,相对缩短巡察工作开展的必要工作时间。同时,建议校内巡察尽量安排在每学期中间时间段,避开期初、期末各基层部门工作繁忙的时段;要合理安排巡察组内部分工,既力保抽调的巡察人员基本"脱产"巡察,又可以适当兼顾本职工作。

3. 完善物资保障和支持措施

实事求是说,大部分高校巡察机构的软硬件设施还需要进一步升级。鉴于巡察工作具有独立性和保密性的特点,为保证巡察工作的顺利开展。第一,提供独立的办公场所。建议至少提供两间相对独立的业务办公室,用于处理巡察常规协调管理、专项检查工作的办公室要与开展常规巡察办公室相互独立。第二,保障必需专用的办公条件。巡察工作具有保密性,所以应该给巡察人员配备专用的保密电脑、专用移动硬盘、专用打印机、专用传真机等设备,以便于巡察资料查阅、汇总和保存。第三,给予必要的经费支持、建立适当的奖励机制等,以提高巡察人员工作的积极性、主动性和创造性。

(三)着力构建和健全巡察工作机制制度体系

要加强巡察工作机制制度体系建设,为进一步规范高校巡察工作提供制度保障。笔者认为,需要建立如下几类制度。

1. 根本性、纲领性制度

根本性、纲领性制度是开展巡察工作的依据和遵循,如《巡察工作实施办法》和《巡察工作规划》等,这一类制度明确了巡察工作的指导思想和基本原则、机构和人员、组织领导、范围和内容、工作方式和权限、工作程序、纪律与责任等具体规定,提出一届党委任期内巡察全覆盖的总体目标和主要任务,用于指导巡察工作的一体谋划、一体部署、一体推进。

2. 职责规则类制度

职责规则类制度主要包括《巡察工作领导小组议事规则》《巡察工作办公室(巡察组)工作规则(职责)》等,此类制度主要是明确巡察领导机构、主责部门的工作职责、工作内容、工作流程等,明确工作程序和职责边界,使巡察工作每一个环节、每一个岗位、每一道程序都有章可循、有规可依。

3. 队伍建设类制度

队伍建设类制度又可细分为人员配备和教育培训类制度。包括《巡察干部队伍建设管理办法》《巡察人才库建设(管理)管理办法(实施办法)》以及《巡察干部教育培训规划(计划、制度)》。这类制度的建立与实施,有助于维护队伍的稳定,全面提升巡察干部的整体业务素质和工作能力。

4. 业务规范处理类制度

此类制度主要是针对巡察工作中遇到的具体业务类问题,对规范处理做了规定。如《巡察发现问题线索的分类处理规定》《巡察情况报告问题底稿管理办法》等。这类制度的制定和实施,可以促成常规巡察的标准尺度趋于一致,进而实现巡察工作业务处理的规范化。

5. 日常管理规范类制度

与业务规范处理类制度文件一样,日常管理规范类制度就是对巡察日常工作的一些处理规范,如《巡察工作安全应急处置预案》《巡察工作办公室印章管理使用办法》等。

6. 协调配合工作机制类制度

协调配合工作机制类制度主要是规范与其他部门相互配合的一类制度。如《巡察机构与相关部门工作协作(配合)机制》《巡前会商研判办法》等。

此外,我们还可以根据所在学校巡察工作开展的实际,建立一些工作纪律类、后勤保障类、巡察结果运用类、追责问责类制度等,因需建制。

(四)做好巡察工作的整改落实、成果运用工作。

要强化巡察工作整改落实必须建立完善巡察整改相关的工作机制,让被巡察党组织切实担负起主体责任。一是建立和完善巡察整改约谈机制。在现场巡察结束后,巡察机构要下达巡察反馈报告,提出明确的整改要求,可以与被巡察单位签订整改责任书(或者整改承诺书),定期约谈与被巡察单位主要负责人,了解整改情况和进度,督促其落实整改责任。二是建立整改情况通报机制。被巡察单位要公开透明巡察整改的全过程,对整改进展情况要通过教职工大会、院务公开等形式周知全体教职员工,接受党内监督和民主监督。三是完善巡察回头看工作机制。对一些巡察过的重点单位,可以采取“机动式”或专项巡察方式进行“回头看”,把巡察“回头看”的结果作为干部年度落实党风廉政建设责任制主体责任考核的重要指标。四是建立和完善长效常态机制。要根据发现的问题,建立健全配套机制与措施,如问责机制等促进学校巡察工作持续健康发展的长效机制。

巡察办发挥职能作用推进高校巡察提质增效的探索与实践

天津财经大学

范妍

摘　要：巡察办作为党委巡察工作领导小组的日常办事机构，负责统筹协调、指导督导、服务保障巡察工作。本文从巡察办职能作用的角度，结合实际工作，以指导巡察组开展工作和加强部门联动为切入点，详细阐述巡察前、巡察期间和整改阶段巡察办如何认真履行职责使命，推动政治监督走深走实，为学校事业发展提供坚强政治保障。

关键词：巡察办；组办一体；贯通融合

巡视是推进党的自我革命、全面从严治党的战略性制度安排。巡察是巡视向基层延伸的重要制度安排，在总体政治方向和原则上与巡视是一致的。党的二十大报告把"加强政治巡视"纳入中国特色社会主义新时代党和国家事业取得的重大成就，强调要"发挥政治巡视利剑作用，加强巡视整改和成果运用"，充分体现党中央对巡视工作的高度重视，为新时代新征程巡视巡察工作高质量发展指明了前进方向，提供了根本遵循。

巡察办作为党委巡察工作领导小组的日常办事机构，负责统筹协调、指导督导、服务保障巡察工作。自开展巡察工作以来，巡察办充分发挥职能作用，深入贯彻落实中央、市委关于巡视巡察工作部署要求，坚守政治巡察定位，全过程指导巡察组开展工作，充分发挥职能部门综合监督作用，推动巡察监督与其他监督贯通融合，不断深化政治巡察，为学校事业发展提供了坚强政治保障。

一、巡前成立“指挥部”，统筹部署各项工作

做好巡察准备是巡察工作顺利开展的重要基础，准备工作做得怎么样，直接关系巡察工作的效果。

一是制定巡察工作方案。巡察办根据党委巡察工作规划，谋划年度巡察工作，制定每轮巡察工作方案，确保全年巡察工作按照领导小组的部署有序推进。二是做好信息沟通对接。函请派驻纪检监察组、组织、宣传、统战、网信、审计、资产等有关部门提供被巡察党组织情况，做好信息对接，召开见面会与被巡察党组织进行沟通交流。三是组织巡前培训。巡察办注重对巡察干部的教育和培训，将“走出去”和“请进来”相结合，重点培训政策法规、工作流程、监督重点、业务知识和工作纪律，切实提高巡察干部的政治监督能力和业务水平，为开展巡察工作奠定坚实的理论基础。四是筹备相关会议。组织召开巡察动员部署会和进驻动员会，做好会务工作。五是促进部门联动。党委巡察工作不是单打独斗，要把贯通融合的要求贯彻落实到巡察工作全过程、各环节，形成监督合力，增强监督效能。通过召开会议深化有关部门对巡察工作重要性的认识，强化“一盘棋”思想，营造“同题共答”良好氛围。巡察办应建立完善与组织部及有关部门协作配合机制，做到巡前信息互通、巡中问题互商，实现“1+N”同向发力。

二、巡中做好“参谋部”，联合多方“协同作战”

开展校内巡察，是对被巡察党组织的“政治体检”，将“显微镜”“探照灯”聚焦被巡察党组织的职责使命和核心职能，围绕“三个聚焦”重点监督检查基层党组织在党的领导、党的建设、全面从严治党等方面的情况，突出“关键少数”，查找政治偏差，精准发现问题，画好“政治画像”。

（一）强化组办一体，精准发现问题

一是指导制定方案，细化完善监督重点。巡察办向巡察组传达中央、市委有关巡视巡察工作部署要求，提供组织、宣传、教工、网信有关部门政策文件，指导巡察组制定实施方案，围绕监督重点，细化梳理观测点，量身开展"政治体检"，设计"问题清单"，推进政治监督具体化、实效化。紧密结合被巡察党组织职能职责，灵活运用"12+N"种方式，运用"标准化"模板，如调查问卷、民主测评表、谈话记录、巡察报告、反馈情况报告、巡察基本情况表等，提高巡察工作效率。二是加强组办会商，分析研判精准定性。及时跟进与巡察组之间的沟通联系，了解巡察工作进展、人员在岗情况等；适时进行业务指导，听取巡察组意见建议，实现精准对接；开展中期会商，听取巡察组工作进展情况汇报，及时对巡察发现问题进行会商研判和点评指导，帮助解决工作中遇到的问题、难点和堵点；巡察办指派参加过市委巡视工作的骨干同志指导巡察组撰写巡察情况报告，重点看问题定性是否准确、事实支撑是否有力、意见建议是否有针对性、报告体例是否规范等，进一步提升报告质量，确保巡察取得实效。三是坚持党建引领，联合开展支部共建。进驻期间巡察组成立临时党支部，巡察办指导巡察组临时党支部通过学习研讨、"三会一课"、主题党日等形式，加强对巡察干部的教育管理；组织观看警示教育片和专题展览，开展廉洁教育和警示教育；与兄弟院校开展共建和业务交流研讨，促进党建工作与部门工作深度融合，推动巡察工作高质量开展。

（二）促进部门联动，推动贯通融合

与其他监督协调，是整合监督力量、增强监督实效的关键。党的十九大以来，习近平总书记多次就推动巡视与其他监督贯通融合作出重要指示要求，强调要高质量推进全覆盖，把巡视监督与其他监督贯通起来，立体聚焦、形成合力。深化巡视与纪检监察、组织、审计、信访等协作配合机制。要充分发挥职能部门综合监督作用，构建"巡察+"校内监督工作格局，在巡察期间同步开展对党政主要负责同志的经济责任审计，实现巡审联动、边巡边审、同频共振，推进巡察监督与审计监督贯通融合。

三、巡后搭建“互联网”，统筹做好“后半篇文章”

发现问题是巡察工作的生命线，推动解决问题是巡察工作的落脚点。巡察整改和成果运用是巡察工作的“后半篇文章”，是监督、整改、治理有机贯通的重要环节。2021 年 12 月，党中央印发《关于加强巡视整改和成果运用的意见》，对巡视整改的责任体系、工作机制、实施保障等提出明确要求。整改是巡察工作的关键环节，是巡察推动改革、促进发展的集中体现，要实现巡察工作高质量发展，必须以扎扎实实的整改成效促进基层各项工作有力提升。

第一，牵住“牛鼻子”，压实整改主体责任。指导被巡察党组织制定巡察整改方案和“三清”单。在巡察反馈、巡察集中整改、整改评估等关键时间节点，采取“发函提示”“上门指导”等方式，督促被巡察党组织落实好巡察整改工作，提升整改工作规范化水平。

第二，协调“主力军”，履行整改监督职责。巡察办向巡察组发函提示后续整改工作任务，如向被巡察党组织和主要负责同志进行反馈、审核整改方案、参加整改专题民主生活会和整改工作推动会、审核整改进展情况和作证材料、参与整改进展情况评估工作等重要环节。

第三，打好“组合拳”，统筹做好日常监督。巡察整改要取得实效，离不开有效的监督。《关于加强巡视整改和成果运用的意见》首次以中央文件形式明确了纪检监察机关和组织部门的巡视整改监督责任。巡察办要发挥“统筹协调、跟踪督促、汇总分析”作用，在落实巡察整改和成果运用过程中，加强与派驻纪检监察组、组织部和有关职能部门的沟通协作，形成工作合力。

一是推动落实整改。统筹协调派驻纪检监察组、组织部做好整改监督工作。如审核被巡察党组织整改方案，提出书面指导意见，由巡察办汇总后向被巡察党组织反馈;指导列席巡察整改专题民主生活会,对会前、会中、会后三个环节开展监督。组织召开督促整改推进会,协调派驻纪检监察组、组织部听取被巡察党组织领导班子成员汇报,了解整改进度,检查整改成效。由派驻纪检监察组牵头开展巡察整改评估工作,成立巡察整改评估工作专班,组织部、巡察办、巡察组和审计处等共同参与。

二是强化成果运用。协调派驻纪检监察组把督促整改作为履行监督第一职责;组织部把解决巡察发现问题与加强领导班子和干部队伍建设相结合,将整改情况纳入领导班子考核重要内容;有关职能部门充分运用巡察成果,发挥业务指导和监督作用,改进完善相关工作。共同督促被巡察党组织将巡察整改融入日常工作、融入深化改革、融入全面从严治党、融入班子队伍建设,促进事业高质量发展。同时,巡察办认真梳理历次巡察中发现的共性问题,在巩固巡察成果运用上下功夫、求实效,以引导有关部门针对涉及本部门业务范围存在的普遍性、倾向性问题,谋划改进举措,治疗"病根",并将"当下改"与"长久立"相结合,实现举一反三、标本兼治,以巡促建、以巡促治,有效形成工作闭环。

全面从严治党永远在路上,巡察工作也永远在路上。巡察办将切实履行在全面从严治党中肩负的重要职责使命,保持"两个永远在路上"的清醒和坚定,强化组办一体,积极促进贯通融合,推动巡察工作走深走实,在标本兼治中推进自我革命,以习近平总书记关于教育和巡视工作的重要论述为引领,奋力推进高校巡察工作高质量开展。

高校巡察整改和成果运用现状与对策

——基于价值理念、制度设计与行动策略的分析

天津理工大学

回建东

摘　要：高校巡察作为巡视工作的延伸，尚处于起步探索阶段，在整改工作方面还存在主体责任压得不实、工作机制不顺畅、成效不明显等突出问题。鉴于以上问题，本文结合工作实践，探析高校巡察整改和成果运用实施情况，并在保障机制、工作指导、联席会议、日常监督、深入推动等方面提出一些对策。

关键词：高校；巡察整改；成果运用；对策研究

党的二十大报告从完善党的自我革命制度规范体系的战略高度，作出了"发挥政治巡视利剑作用，加强巡视整改和成果运用"的重大部署，进一步释放出把巡视整改放在更加突出位置来抓的鲜明信号。中共中央办公厅和天津市委巡视工作领导小组先后印发加强巡视整改和成果运用的意见，进一步细化整改主体、日常监督、统筹督促、成果综合运用等方面责任，为做好高校巡察提供了制度依据。高校巡察作为党中央、市委巡视工作的延伸和拓展，要深入贯彻党的二十大精神，认真落实巡察整改工作新要求，扎实做好巡察整改"最后一公里"，为高校事业发展保驾护航。

一、加强巡察整改和成果运用的重要意义

(一)坚持巡视巡察工作方针、全面从严治党的必然要求

巡视巡察监督作为党内监督的重要方式,其政治性、政策性和权威性是独一无二的,是其他监督方式所不能替代的。但巡视巡察工作容易出现“重巡察轻整改”“虎头蛇尾”不平衡现象。习近平总书记高度重视巡视整改,指出“巡视发现问题不解决比不巡视的效果还坏”,从政治高度对抓巡视整改提出明确要求。通过巡察整改,高校可在加强党对高校的全面领导、全面贯彻党的教育方针、全面推进依法治校、推进全面从严治党向基层延伸等方面发挥夯实政治基础和提供政治保障的重要作用。具体到基层,通过落实巡察整改要求,被巡察党组织可发挥党组织政治功能,理顺党政管理体制,规范执行议事规则和决策程序,整治群众身边腐败问题和不正之风,防范和化解风险隐患,压实管党治党主体责任。

(二)聚焦“双一流”建设、推动高等教育内涵式发展的重要抓手

从十九届中央第七轮对31所中管高校和十一届天津市委第六轮对18所市管高校巡视反馈来看,部分高校在贯彻落实党的教育方针和党中央关于教育工作决策部署、落实立德树人根本任务、执行党委领导下的校长负责制等方面仍存在一些典型性问题,制约和影响了高校事业的发展。从高校内部巡察发现问题来看,一些部门不同程度存在学习贯彻中央和市委重大决策部署有差距、办学治院政治责任缺失、一流学科建设用力不足、学院内涵式发展迟缓、产教融合不深入等突出问题,充分暴露了高校落实巡视巡察整改责任不到位的情况。因此,有必要从政治高度加强巡察整改和成果运用,聚焦党的教育方针、办学方向、内涵式发展等问题,形成巡察监督、整改、治理有机贯通,提升监督治理质效。

(三)维护师生切身利益、净化校园政治生态的现实需要

高校在市场经济改革大潮中并非世外桃源,也受到社会上一些不良风气的浸染,不同程度上存在党的领导弱化、党的建设缺失、全面从严治党不力等突出问题,群众身边"微腐败"和"四风"问题屡禁不止,侵害学生权益的失德失范行为时有发生。这些情况不仅严重污染校园政治生态、损害高校社会形象,而且败坏教育和学术风气,影响教育事业的健康发展。高校巡察坚持以人民为中心,贴近师生群众,直指师生身边的具体问题。因此,加强巡察整改和成果运用,不仅有助于转变和改进工作作风,破解担当意识不强、服务意识淡薄、工作干劲不足等难题,而且能够净化校园政治生态,不断提高广大师生的获得感、幸福感、安全感。

二、高校巡察整改和成果运用存在的主要问题

(一)主体责任压得不实,对巡察整改的重视程度还不够

一些高校党委对巡察整改和成果运用的组织领导能力仍显不足,未能层层压实责任,没有形成"书记抓、抓书记"的鲜明导向。部分高校对巡察反馈研究决策不到位,针对"人事因制"未能提出明确的处置意见,影响或减弱了抓整改的力度;常委会研究巡察整改和成果运用成为党委书记"独角戏",除书记外其他与会校领导只参会不发表意见建议,更不能结合分管工作提出整改思路举措。有的党委书记抓整改工作力度有欠缺,更多由巡察办承担起巡察整改和成果运用职责,但工作中巡察办不具备协调其他职能部门的权限、角色与地位。有的校领导存在错误思想认识,未推动职责范围内整改任务落实,对分管部门或联系单位整改工作不管不问,"一岗双责"履行不到位。

（二）工作运行机制不畅，系统集成、协同高效推动巡察整改仍有差距

巡察整改是一个系统工程，不仅有巡察办的工作职责，还涉及派驻纪检监察组、组织部等职能部门。天津高校落实纪检监察体制改革，由市纪委监委向市属高校派驻纪检监察组，履行派驻监督责任，肩负抓整改日常监督作用，并牵头巡察整改评估工作。部分高校派驻纪检监察组与组织部未建立相互通气沟通机制，导致两家单位“各说各话”、力度不一，容易使被巡察党组织在制定整改方案时产生“蒙混过关”思想；日常监督作用发挥不够，未能建立整改监督台账，定期督促检查。对于共性问题，相关部门对所提意见建议无动于衷、置若罔闻，巡察办难以发挥协调作用。巡察整改评估机制尚不成熟，评估方式方法不科学合理，评估指标存在“漏项”。督查室并未发挥巡察整改日常监督作用，对巡察发现的一些共性问题没有开展专项检查。

（三）巡察整改落实成果不明显，影响巡察工作权威

向被巡察党组织反馈巡察整改意见建议，代表学校党委、巡察工作领导小组（简称“领导小组”）的意见，具有一定的政治权威。但在落实巡察整改过程中，压力传导并未层层压实，被巡察党组织会出现重视程度不够、整改不深入不全面等问题。被巡察党组织未能树牢“整改从反馈开始”意识，没有及时召开专题会议研究部署，整改力度减弱；开展专题民主生活会不认真、不及时，剖析思想根源不深刻，查找问题、制定整改措施与整改方案不一致甚至完全脱节；整改落实浮于表面，制定巡察整改方案措施针对性不强、责任不明确、任务存在漏项缺项；党组织主要负责人统筹推进、组织实施整改不主动，日常推进不到位，未能定期听取巡察整改汇报，及时纠正工作偏差；党内通报、社会公开巡察整改不及时不主动，师生对巡察整改措施、取得成效不知情不了解；认为巡察集中整改期结束了就意味着巡察整改画句号了，在巩固拓展整改成果上用力不足，有的问题出现边改边犯

甚至反弹情况;运用“第一种形态”不充分,存在好人主义,谈话函询、批评教育流于形式,弱化了警示震慑作用。

三、高校巡察整改和成果运用对策举措

(一)健全巡察工作保障机制

要坚决支持巡察工作,把巡察干部打造成“铁军”。要独立设置巡察办,在人员编制、经费使用、场所办公等方面给予充分考虑,保证每轮巡察至少配备1名专职巡察干部编入巡察组,全程跟踪指导巡察组工作。加强对巡察干部的管理监督,实行年度绩效考核、定期轮岗交流、任职回避,建立师生监督意见收集、反馈和巡访制度。学习借鉴区县巡察机构扁平化管理体制,运用系统思维,探索实践派驻纪检监察组、巡察办贯通融合,发挥派驻纪检监察组副组长兼任巡察办主任的组织优势,坚持纪检监察与学校党委巡察工作一体谋划、部署和推进,做到监督力量融合、日常监督联动、监督成果共享。

(二)强化巡察整改工作指导

被巡察党组织对巡察整改工作并不了解,有的甚至没有经历过整改。因此,有必要对被巡察党组织进行巡察整改业务指导。巡察组组长要充分利用巡察反馈会,向被巡察党组织主要负责人及领导班子明确提出整改意见、整改任务、时间安排、整改要求,进一步压实整改主体责任。开展工作业务培训,讲解巡察整改工作相关要求及程序,对巡察整改责任内容、整改方案制定、抓好集中整改、整改进展情况报告及社会公开等方面进行辅导。要与组织部协同配合派驻纪检监察组做好巡察整改工作方案审核、指导工作,重点审核方案中责任分工是否明确、任务有无漏项、措施有无针对性操作性、时间进度安排是否科学合理等问题。设立咨询热线,及时做好答疑,并督促抓好集中整改、公开整改情况、建立长效机制等相关事宜。

(三)建立巡察整改监督联席会议机制

针对巡察整改方案经常“药不对症”“无的放矢”等问题，校领导小组可有效整合资源、强化优势互补，建立巡察整改监督联席会议机制。联席会议由领导小组统筹领导，成员单位由派驻纪检监察组、组织部、巡察机构组成，可根据情况需要，宣传、财务、审计等部门列席会议。会议听取被巡察党组织负责人对巡察反馈意见整改工作安排部署、整改推进进展等情况汇报，对相关情况报告进行联审、会审，帮助被巡察党组织查漏补缺、纠偏治短。召开会议前，各成员单位要认真分析研判被巡察党组织巡察整改方案、进展情况报告，形成审核意见，共同研究解决巡察整改监督工作、移交事项办理工作中存在的重点难点问题，明确监督工作措施、探索巡察成果运用、安排部署专项治理等，进一步推动巡察整改标本兼治。

(四)强化巡察整改日常监督职责

要建立巡察整改日常监督机制，落实派驻纪检监察组、组织部日常监督责任，抓好整改监督的规定动作，形成巡察整改监督的刚性约束。派驻纪检监察组要积极主动开展巡察整改日常监督，将巡察反馈问题整改纳入派驻监督重要内容，重点监督被巡察党组织领导班子特别是“一把手”，全程跟踪督促巡察反馈问题整改工作；结合自身职责创新日常监督方式，采取专题会商、调研督导等方式，提高监督的深入性和实效性；制定巡察整改评估实施细则，逐步形成一套符合实际、有效管用的整改评估机制。组织部要把巡察整改日常监督作为工作职责分内之事、应尽之责，将督促巡察整改与贯彻落实新时代党的组织路线、强化党的组织建设、加强干部队伍建设结合起来，发挥监督作用。

(五)深入推动巡察整改和成果综合运用

高校要认真贯彻落实中央、市委巡察整改和成果运用相关文件精神，结合学校实际情况研究制定实施细则，推动巡察整改和成果运用落地见效。将巡察整改和成果运用纳入学校党委全面从严治党主体责任检查、绩效考核、领导班子和领导干部日常考核、述责述廉等,运用巡察成果压实责任。领导小组要加强对巡察整改和成果运用的研究与部署,督办校党委常委会作出的有关决策部署、处置意见,督促各类责任主体落实责任,形成整改合力。分管校领导要履行被巡察党组织巡察整改工作领导小组第一组长职责,出席巡察反馈会议、指导专题民主生活会、听取整改情况汇报,帮助推动解决难点问题;其他校领导也要履行好"一岗双责",切实推动职责范围内的问题整改到位。巡察办做好分类督办,向相关部门通报系统性问题,有针对性地推动该部门开展治理工作。建立巡察整改通报问责机制,明确整改问责情形、主体、方式、程序等,对整改不力、虚假整改等问题的典型案例进行通报曝光,释放强化整改落实的鲜明信号。

参考文献

[1]马君昭. 巡视巡察整改评估机制研究[J]. 黑龙江人力资源和社会保障,2022(8):7-9.

[2]楚广兴. 高质量推进高校巡察整改[J]. 唯实,2020(1):47-48.

[3]刘义. 高校巡察整改存在的主要问题与解决策略[J]. 廉政文化研究,2022,13(6):61-66.

[4]陈亮,陆敬科. 高校巡察整改和成果运用对策研究[J]. 办公室业务,2022(19):114-116.

[5]高建. 高质量推动巡察整改和成果运用[J]. 廉政瞭望,2021(21):76.

提升高校巡察效力的路径研究

天津理工大学

李少华

摘　要:高校巡察工作作为高校各级党组织党内监督工作的重要组成部分,是各高校确保党对高校教育工作全面领导的重要途径,坚定社会主义办学方向的重要手段,但在具体实践中高校巡察还存在巡察人员业务能力参差不齐等问题。针对此,要通过加强业务培训、统一工作标准等方式提升巡察工作质量,为促进高校教育事业健康发展提供强有力的监督保障。

关键词:新时代;高校;巡察

党的十八大以来,以习近平总书记为核心的党中央以巨大的政治勇气深入推进全面从严治党,找到了自我革命这一跳出治乱兴衰历史周期率的第二个答案。巡视巡察作为落实全面从严治党工作要求的"利剑",在严肃党内政治生活、净化党内政治生态、加强党内监督方面发挥了重要作用。高校是培养社会主义建设者和接班人的坚强阵地,肩负着为党育人、为国育才的光荣使命。近年来,为深入贯彻习近平新时代中国特色社会主义思想和党中央决策部署,强化党内监督,确保党对教育工作的全面领导,各高校积极发挥巡察"政治体检"作用,构建校内巡察机制,开展内部巡察,切实推动全面从严治党向基层延伸,在坚定社会主义办学方向,破解全面从严治党"上热中温下凉"等方面发挥了较大作用。但由于巡察工作开展时间尚短、专职巡察人员数量较少等原因,高校巡察工作质量还存在较大提升空间。

一、当前高校巡察工作存在的几点问题

(一)巡察人员业务能力参差不齐

受制于编制等原因,当前,高校专职巡察人员数量较少,各高校开展校内巡察时,大多从校内熟悉纪检、组织、审计、财务、国资、教学科研等工作的二级学院或职能部门人员中选配或抽调。上述人员在日常工作中,由于对政策理解有差异或工作标准有高低等原因,日积月累中会对某项工作要求产生不同的认定标准和执行力度,突出表现在开展巡察工作时,对某项工作是否存在问题或问题严重程度把握不准、尺度不一,进而影响巡察工作的进度和质量。当前,各高校正探索建立高校巡察干部人才库,吸收各领域专业人员纳入巡察队伍,壮大巡察力量。但由于新纳入人才库人员多数尚未经历巡察工作历练,巡察业务能力还有待实践检验。

(二)工作标准缺乏统一尺度

高校巡察突出政治巡察,主要是对学校二级单位学习贯彻上级决策部署、全面从严治党、党建等工作落实情况进行监督检查。党务工作区别于具体业务工作,工作中大多缺少清晰明确的衡量标准,多是需要巡察人员通过主观把握来判定其工作质量,主观因素占比较大。另外,各高校开展巡察,一般是对2—3个二级单位同时进行,各巡察组之间由于人员成分不一、熟悉领域不同、巡察组长对待问题看法有别等原因,会造成不同巡察组对某些个性问题的发现能力不同,对共性问题深挖细究能力不同,进而造成对不同单位存在的同一问题判定标准不一致的现象。

(三)部门间沟通协调机制尚不健全

《关于天津市教育系统市属高校开展巡察工作的指导意见》规定,校

内巡察工作任务主要是对被巡察党组织执行《中国共产党章程》和其他党内法律，遵守党的纪律，落实全面从严治党主体责任和监督责任等情况进行监督检查。除涉及党建工作外，还包括教学、科研、国资、审计、财务、人事、基建等众多专业性强、业务要求高的领域。发现专业领域问题线索时，单凭巡察组工作人员难以应对，需要对口部门提供相关资料或对问题线索进行甄别。巡察办作为承担学校巡察工作统筹协调、指导监督、服务保障等工作的具体部门，在部门协调方面发挥了较大作用，但由于巡察工作时间紧、任务重，某些时候巡察组为了更高效开展工作，倾向选择与对口部门进行直接沟通，而巡察组与对口部门之间正式沟通协调渠道尚未建立，有效整合资源，形成监督合力的程度还需加强。

（四）兼职巡察人员精力投入缺少有效保障

前文提到，由于受编制影响等原因，当前高校专职巡察人员数量较少，巡察工作人员多为兼职。虽然《关于天津市教育系统市属高校开展巡察工作的指导意见》要求，要“有针对性帮助巡察干部解决实际困难，根据工作实际依规为巡察干部提供必要的工作保障。”[1]但在实际操作过程中，巡察工作人员在巡察期间难以与本职工作完全脱钩，“两头兼顾”现象尚还存在，一定程度上分散了巡察工作人员的时间和精力，不利于巡察工作人员全身心投入。

（五）“熟人监督”问题破解困难

“高校巡察是同体监督、熟人监督”[2]，为破解难题，天津市探索开展各高校交叉巡察，但当前内部巡察仍是主要方式。虽然在开展巡察工作时，会通过强调巡察纪律要求、签署《保密承诺书》等方式进一步提升巡察工作人员政治自觉，但不可否认的是，巡察工作人员或因与被巡察对象存在同事甚至朋友关系，产生“低头不见抬头见”“看情顾面子”“兔死狐悲”进而“网开一面”的错误思想，从而选择将大事化小，将重话说轻，所查问题不痛不痒，板子高高举起轻轻落下，也就违背了巡察发现问题、形成震慑、推动改革、促进发展的初衷。

二、提升高校巡察工作质量的相关思考

“开展巡察工作，是加强党对教育工作全面领导的政治保障。”[3]高校巡察工作的质量，一定程度上决定了高校贯彻落实中央重大决策，推进全面从严治党向基层延伸的质量。面对当前高校巡察工作中存在的上述问题，应在坚持问题导向前提下，积极开展有益探索，不断提升巡察工作质量。

（一）强化巡察人员理论业务培训

巡察工作质量，很大程度上取决于巡察人员工作能力。要加强对巡察人员理论指导，坚持以习近平新时代中国特色社会主义思想为指导，引导巡察工作人员坚守政治巡察立场，提升政治站位。要加强巡察业务指导，对纳入巡察干部人才库人员，巡察办可定期组织业务培训，邀请行业专家、专职巡察干部等对个别谈话、材料查阅、问题底稿制作等技巧进行专题培训。注重发挥部门联动作用，联合驻校纪检组等相关业务部门对巡察人员进行专业领域业务辅导，帮助其掌握巡察所涉领域基本业务要求，快速提升业务水平，锻造一支召之能来、来之能战，有担当、有能力、敢作为的巡察铁军。

（二）加强对巡察工作标准指导规范

巡察办作为巡察工作主管部门，要主动发挥统筹协调、指导督导职责，及时与巡察组联系，到组开展业务指导，帮助巡察人员明确工作重点，清晰工作标准。多组共同开展巡察时，巡察组组长之间应加强沟通协调，针对巡察重点、时间节点、工作标准等内容进行对接，形成共识，避免工作标准不一。巡察组之间可定期联合开展思想交流、业务研讨，巡察组成员可交叉使用，跨组开展工作。针对在巡察过程中遇到的难点、模糊点，巡察组可

举行联合会议,举多组合力共同查找解决办法,明确统一标准。发挥典型案例导向作用,可把过往校内巡察遇见的典型案例、好的做法进行经验分享,为巡察人员提供参考依据。

(三)健全巡察部门协调沟通机制

巡察领域涉及范围广,需要多部门合力进行。相关业务部门如财务、审计等应充分认识校内巡察的重要意义,提高政治站位。可探索将财务、审计等关键部门负责人纳入学校巡察工作领导小组成员范畴。巡察期间,应建立巡察办、业务部门、巡察组三方联合协商沟通机制,畅通巡察组与业务部门直接沟通渠道。所涉业务部门可指定专人与巡察组进行协调,为巡察工作在信息调阅、问题定性、专业指导等方面提供支持。与此同时,所涉业务部门应发挥能动作用,化被动提供支持为主动给予帮助,各部门可成立联合巡回业务指导组,主动与巡察组联系,帮助其解决问题。

(四)优化兼职巡察人员激励环境

各高校党委要加大与兼职巡察人员所在单位沟通协调,确保巡察人员巡察期间实现全脱产,解决“两头兼顾”问题,有效保障巡察人员的时间和精力。注重对巡察人员的正向激励,把巡察工作经历作为干部选拔、职称晋升、考核评优的重要依据和必要环节,从政治待遇上进行倾斜。做好对巡察组的经费保障工作,对巡察工作人员,根据工作任务和现实表现可给予不同程度经济奖励,从经济待遇上给予优待,让巡察组成员能充分感受组织关怀,进而更加激发干事动力。

(五)营造公正无私巡察浓厚氛围

驻校纪检组、组织部、巡察办等部门要加大对巡察人员管理监督力度,经常性开展警示教育,督促巡察人员严格遵守巡察工作纪律,坚决防止“灯下黑”。探索建立巡察人员考核评价机制,每次巡察结束后,由巡察组组长、副组长根据巡察人员在组工作态度、查找问题线索数量、底稿制作质量、发现问题大小等工作情况,在征求其他巡察组成员意见基础上,出具现实工作表现,作为干部选拔、职称晋升、考核评优的重要依据。对在巡察工作中表现不积极、业务能力差、跑风漏气的人员,要及时进行调整,保持巡察队伍的纯洁性。要引导巡察人员主动接受师生监督,畅通监督渠道,做到阳光巡察。

三、结语

习近平总书记在二十届中央纪委二次全会上指出,“要把巡视利剑磨得更光更亮,勇于亮剑,始终做到利剑高悬、震慑常在。”[4]这对新时代巡视巡察工作提出了更高要求,也为未来工作指明了努力方向。校内巡察作为高校各级党组织党内监督工作的重要组成部分,要以存在问题为整改方向,加大巡察工作提质增效工作力度,为推动高校全面从严治党工作高质量发展,促进教育事业健康发展提供强有力政治保障。

参考文献

[1]中共天津市委教育工作委员会. 关于天津市教育系统市属高校开展巡察工作的指导意见 津党教[2018]98 号.

[2]贾国利. 新形势下高校开展巡察的实践与思考[J]. 理论观察,2020(08)59-61.

[3]黄晨晨. 以“三个坚持”推进高校巡察工作提质增效[N]. 新华日报,2022-12-06(9).

[4]中国共产党第二十届中央纪律检查委员会第二次全体会议公报[N]. 人民日报,2023-01-11(1).

提升高校巡察个别谈话质效的探索与实践

天津中医药大学

吕思思

摘　要：开展高校巡察个别谈话工作，要准确把握谈话的政治性、纪律性和策略性，高质量的谈话有助于提升巡察质效。目前个别谈话工作尚存在谈话前期准备不充分、谈话节奏把握不精准、谈话成果运用不到位等问题，应遵循充实谈前准备、掌握谈中节奏、梳理谈后成果的原则，通过选优配齐巡察队伍、做足做细谈话提纲、充分运用谈话技巧、及时梳理谈话成果等举措提高谈话质量，使个别谈话成为高校巡察发现问题的有效方式。

关键词：高校巡察；个别谈话；巡察质效

高校巡察工作是高校坚持社会主义办学方向、落实立德树人根本任务、履行为党育人为国育才使命和推动全面从严治党向纵深发展的重要抓手[1]。个别谈话是指巡察期间巡察组以当面沟通的方式与被巡察党组织干部群众进行谈话，是高校巡察的基本工作方式，贯穿高校巡察工作的全过程，是高校巡察发现问题、获取信息、了解政治生态、传导责任压力的重要途径。发现问题是巡察工作的生命线，通过个别谈话发现问题是衡量谈话质量的重要标准，谈话中要坚持问题导向，加强谈前准备、谈话策略、成果分析等重要环节工作，提升个别谈话工作质效。

一、高校巡察个别谈话中存在的问题

(一)谈话前期准备不够充分

一是谈话提纲准备不充分,个别谈话时间紧、任务重,巡察组通常按照以往模式制定谈话提纲,没有按照被谈话人员分类拟定有针对性的谈话提纲,导致个别谈话内容不够深入、谈话质量不够高效、深入发现问题有差距。二是政治巡察定位不精准,把政治监督与业务检查混淆,弱化巡察政治功能。巡察是政治巡察,不是业务检查,个别谈话人员在谈话过程中突出业务问题,未突出巡察工作的政治监督职能。三是谈话人员水平不均衡,谈话效果参差不齐。高校巡察组组员都是临时抽调人员,来自不同工作岗位,入组后到岗即上岗,掌握不全谈话要求,捕捉不到有效问题,不能触及问题本质。

(二)谈话节奏把握不够精准

一是巡察组谈话人员缺乏个别谈话策略,谈话过程中不能因势利导、层层挖掘。巡察组缺少科学谈话技巧专题培训,组员都是凭借个人经验开展巡察谈话。二是仍然存在熟人社会监督难的问题。碍于熟人关系、好人主义,组员缺乏动真碰硬的勇气,在谈话过程中面对问题无法深挖、不敢深挖,扰乱了个别谈话节奏。三是针对重点谈话对象、重点发现问题,谈话内容浮于表面,没有深入谈、反复谈,未能环环相扣、步步追问。面对重点领域、关键环节负责人,未能灵活变更谈话提纲,提出的问题比较泛泛,没有深层次谈话,重点问题谈不透、挖不深、敲不细。

(三)谈话成果运用不够到位

一是谈话内容梳理不及时。巡察谈话时间比较集中,巡察组谈话人员较少,谈话任务压力较大,记载信息量庞大,有的组员当天没有及时整理谈话记录,后期梳理存在信息遗漏的风险。二是谈话内容梳理不得当。对谈话记录没有进行整理和提炼,谈话记录琐碎、繁杂,逻辑不缜密、重点不突出,语序颠倒、前后重复,与政治巡察无关的问题不需要记录其中,而一些典型事例和生动语言需要完整记录。三是分析研判共享不到位。每天的谈话内容需要及时在组内共享,集体分析研判汇总,发现重点问题,把准问题方向,各谈话小组如果未能在组内及时共享谈话内容、问题线索,必然把不准谈话方向,影响谈话效果。

二、高校巡察个别谈话中应遵循的原则

(一)充实谈前准备

一是深入学习吃透文件精神。个别谈话开始前,深入学习领会中央、市委关于巡察工作的指示要求、党内重要法规文件、本轮巡察工作方案,提高政治站位,明确关注重点[2]。二是突出政治巡察工作定位。坚持从业务看政治、从现象看本质的原则。三是全面掌握被巡察党组织的基本情况,从被巡察党组织工作汇报、纪检等职能部门提供材料、被巡察党组织提供材料、调查问卷、部门网站等梳理发现重点问题。四是分类拟定谈话提纲。围绕本轮巡察观测点制定谈话提纲,结合谈话对象身份、职务、岗位特点分类制定谈话提纲,做到重点突出、针对性强。五是科学组织谈话工作。合理确定谈话范围,选取代表性人员,谈话对象覆盖各个层面,在有限的时间内收集有效信息;科学安排谈话分组,根据谈话监督重点和对象身份确定谈话分组;妥善安排谈话时间,分组分批次开展谈话,整体把握谈话进度,灵活安排谈话顺序,对重点问题重点人员可多次约谈。

(二)掌握谈中节奏

一是规范运用谈话流程。谈话人开场介绍个人身份、讲明谈话目的、严明谈话纪律、切中思想顾虑,营造平等谈话氛围;按照谈话提纲采取一问

一答的方式,问题由浅入深、循序渐进,发现问题线索时继续深挖,引导谈话对象说清来龙去脉、点出具体事例、提供相关数据;谈话结束时再次强调保密承诺,对谈话对象的配合表示感谢。二是准确把握谈话方向。谈话中要控制节奏、把握方向,坚持问题导向,围绕监督重点,把握谈话主动权,对于重点人、重点事、重点问题要深入谈、全面谈[3]。三是灵活运用谈话提纲。谈话过程中,针对特定对象、特殊问题,可以创新谈话思维,在原则和纪律范围内优化调整谈话提纲,根据谈话情况灵活提问。四是重视谈话交流细节。注意谈话对象的肢体动作、面部表情、身体语言、语气语态,捕捉谈话对象释放的每一个信号,揣摩谈话对象想要表达的隐含信息。五是加强组员过程沟通。每组谈话结束后,巡察组召开组务会,交流谈话中的有效信息和问题线索,及时梳理汇总谈话记录,动态调整下一批次的谈话对象和谈话提纲。

(三)梳理谈后成果

一是及时整理谈话记录。谈话记录是个别谈话成果的载体,也是重要的底稿材料,谈话记录直接反映出谈话质量的高低,要秉持真实完整、通达流畅、重点突出的原则。在谈话过程中,可采用记录关键词、关键句的方法,同时将重要内容、关键词句划线标记。二是分析研判谈话记录。分析研判谈话内容时要带着问题去看,除了发现琐碎具体的问题,也要抓住根本性、全局性问题,发现被巡察党组织党建工作的共性问题和薄弱环节,进而分析深层次的原因。三是研究定性发现问题。要用政治的眼光看待问题,坚持从业务看政治、从问题看责任、从现象看本质,由表及里,以下看上,对问题进行研究定性,正确厘定责任,真正做到政治巡察深、发现问题准、分析问题透。

三、提升高校巡察个别谈话工作质效的方法

(一)选优配齐巡察队伍,加强巡察业务培训

个别谈话是高校巡察的基本方式,是发现问题、促进整改的有效途径,同时也是锤炼和检验干部素质能力的重要平台。开展高质量巡察谈话的前提,是打造一支善于监督、敢于负责、勇于担当的巡察队伍。一是选优配齐巡察组干部队伍。建立动态调整机制,不断丰富巡察人才库,在全校范围内选配政治素质高、业务能力强、纪律作风正的同志进入巡察组,科学合理配置巡察干部队伍。二是加强巡察组业务培训。利用多平台、多形式、分层次、分类别开展系统的巡察业务培训,巡察办介绍巡察工作规范和流程,中央、市委、市教育两委关于巡视巡察最新的部署和要求,本轮巡察观测点等方面内容,帮助巡察组全面快速了解巡察相关的政策法规和业务要求;协调组织、纪检组、宣传等相关职能部门,就基层党建与干部工作、全面从严治党工作、意识形态与思想政治工作等进行专题解读;邀请巡察工作经验丰富的骨干同志讲解个别谈话的策略技巧、案例解说以及注意事项,增强巡察组精准发现问题、辨析问题的能力;对巡察组联络员、被巡察党组织联系人开展专门培训,解读巡察工作各个环节和流程。

(二)做足做细谈话提纲,提升巡察谈话质量

谈话提纲是个别谈话的具体指南,列明了个别谈话的方向、内容和重点,具有指导、提醒、约束的功能。一是充实谈前准备。巡察干部要深入学习、认真吃透文件精神,在谈话中始终把握谈话主题、掌握谈话主动权、增强谈话实效性,做到谈出问题、谈出深度、谈出效果;通过向组织、纪检组、宣传、网信办、人事、教师工作部、审计等职能部门发放协助函,全面了解掌握被巡察党组织的基本情况;结合被巡察党组织人员架构,明确谈话对象;选择合适的谈话场地,确保谈话场所安静、隔音,谈话室简朴庄重。二是研

究制定好谈话提纲。结合被巡察党组织的职能责任，对照巡察工作方案和前期梳理的问题，按照谈话对象的岗位职责起草个性化谈话提纲，提前确定不同对象需重点了解的问题和情况，使谈话更具针对性。与关键人员谈话是提高谈话质效的重中之重，尤其要重视与被巡察党组织党政主要负责人、班子成员、学科带头人的谈话，要谈思想、谈认识、谈问题根源，要突出重点往深里谈，对重点人反映的重要问题要进行深入了解。

（三）充分运用谈话技巧，坚持巡察问题导向

个别谈话小组一般是两人一组，一位主谈，一位记录并辅助谈话，组内两人应相互配合、相互补充。一是准确站位。巡察谈话具有政治性、严肃性、平等性的特征，准确站位就是站在同志的角度，在双方互信、相互尊重的基础上平等交流。二是运用谈话技巧。采用直入式、迂回式、渐进式、反向式、点题式等谈话方法，及时调整谈话策略，把握好谈话节奏，主导好谈话进程，控制好谈话内容和走向，增强谈话实效。三是创新思维。谈话时要根据谈话对象特点和实际情况动态补充完善提纲，找准问题重点和突破口，深度挖掘信息。

（四）及时梳理谈话成果，印证巡察发现问题

巡察组要及时对谈话内容进行整理、分析、研判，有效运用谈话成果。一是及时汇总谈话记录。谈话结束后，谈话小组按照谈话提纲中明确的谈话重点汇总归纳，当天的谈话记录当天梳理。同时要在组内及时交流共享记录，整合收集的问题线索，为下一步工作明确方向。二是定期研判深入分析。整理提炼谈话反映出的重点问题和倾向性问题线索，确定谈话问题清单。三是进行多维度印证。对谈话发现的有关问题线索，去粗取精、去伪存真，初步提炼出问题清单。对谈话问题清单里的问题，通过再次谈话、查阅资料、实地调研等方式，进一步对照印证。四是及时移交线索。对于在谈话中发现的问题线索以及重大问题要按照程序移交相关部门处置。

四、结语

高校巡察个别谈话是巡视工作条例赋予巡察组的重要工作方式,贯穿巡察了解工作的全过程,是调查研究和发现问题的重要手段。巡察干部要想做好个别谈话工作应具备全局意识、丰富的知识素养和实践经验,要立足政治巡察工作定位,确保巡察工作的严肃性与纪律性。从实际出发,以问题为导向,不断提高巡察个别谈话的科学性、合理性、针对性以及时效性,拓宽发现问题的渠道,把谈话发现的问题做实做细做好。进一步研判凝练谈话成果,充分运用谈话成果,切实提升高校巡察工作实效,为完成巡察任务奠定坚实基础。个别谈话对谈话人的个人能力要求很高,需要巡察干部不畏困难、勇于担当,不断探索、提升和完善业务水平,发挥巡察利剑作用,推动全面从严治党不断向纵深发展,保障高校教育事业高质量发展。

参考文献

[1]王琰. 高校巡察中个别谈话存在的问题及对策研究[J]. 北京教育(德育),2022(4):27-30.

[2]葛智潜. 开展巡视巡察个别谈话应该用活用好十五种策略方法[J]. 政工学刊,2021(3):76-79.

[3]王雯. 运用科学谈话技巧　提升高校巡察发现问题的能力[J]. 办公室业务,2022(22):76-77、94.

做实巡察组与被巡察党组织同题共答文章的路径探究

天津外国语大学

张守华

摘　要:同题共答是将巡察监督"外部推力"与被巡察党组织"内生动力"有效融合的桥梁和纽带,是不断深化政治巡察、有效发挥"监督保障执行、促进完善发展"作用的黏合剂。本文在全面把握同题共答重要性和必要性的基础上,探究巡察组与被巡察党组织加强同题共答的方法路径,着力提升巡察监督质效,推动党的事业向更高质量发展。

关键词:巡察组;被巡察党组织;同题共答;路径探究

同题共答是指在解决困难问题时,由不同的团队或个人紧密合作,站在同一立场上,共同努力,推动这些问题的解决。巡视巡察作为推进党的自我革命、全面从严治党的战略性制度安排,不是巡察组的"独角戏",而是巡察组与被巡察党组织的"二重唱"。同题共答是将巡察监督"外部推力"与被巡察党组织"内生动力"有效融合的桥梁,也是不断深化政治巡察、有效发挥"监督保障执行、促进完善发展"作用的黏合剂。巡察工作要做到"两满意一服气",巡察组与被巡察党组织必须把同题共答工作理念贯穿巡察全过程各环节,在凝聚共识、找准问题、推动整改上形成合力。

一、深刻认识同题共答的重要性和必要性

做好同题共答,需要巡察组与被巡察党组织切实提高政治站位,深化思想认识,知之愈深方能行之愈笃。

(一)坚持同题共答是推进党的自我革命的必然要求

办好中国的事情关键在党。中国共产党作为世界上最大的马克思主义执政党,要始终赢得人民拥护、巩固长期执政地位,要想带领全国各族人民全面建设社会主义现代化国家、全面推进中华民族伟大复兴,就必须以彻底的自我革命精神检视自身,坚决同一切损害党的先进性和纯洁性的因素作斗争,不断增强自我净化、自我完善、自我革新、自我提高能力。巡视巡察作为推进党的自我革命和全面从严治党的战略性制度安排,是上级党组织对下级党组织履行党的领导职能责任的政治监督,是对被巡察党组织和广大党员干部的一次"政治体检""党性会诊""廉政把脉",最终目的是督促被巡察党组织自觉对照习近平新时代中国特色社会主义思想、对照党章党规党纪、对照党的理论和路线方针政策和党中央重大决策部署,认真查找贯彻落实和履职尽责中的温差、落差、偏差,紧密联系"国之大者"来思考把握一地一域的工作,在服务"国之大者""为民造福"中找准坐标、选准方位、瞄准靶心,确保党的理论和路线方针政策、党中央重大决策部署和习近平总书记关于本系统本领域的重要讲话和重要指示批示精神落到实处,以实干担当做到"两个维护"。

(二)坚持同题共答是推进全面从严治党的必然要求

"有权必有责,有责要担当,用权受监督,失责必追究"是坚定不移全面从严治党、深入推进新时代党的建设新的伟大工程的必然要求。《中国共产党党内监督条例》明确规定:"党内监督没有禁区、没有例外。信任不能代替监督。"[1]《中共中央关于加强对"一把手"和领导班子监督的意见》

强调:“各级领导干部要从政治上认识领导职责中包含监督职责,增强监督意识,履行监督责任;正确对待党组织和群众的监督,勇于纠正错误,切实改进工作;习惯在受监督和约束的环境中工作生活,主动接受监督,决不能拒绝监督、逃避监督。”[2]此外,《纪律处分条例》《党员权利保障条例》等也都对党组织和党员支持、配合、参与巡察工作作出明确规定,对妨碍干扰巡视巡察工作的行为将依规依纪依法严肃处理、追究责任。被巡察党组织和广大党员干部要切实提高政治判断力、政治领悟力、政治执行力,牢记“两个永远在路上”,时刻保持解决大党独有难题的清醒和坚定,把同题共答作为自觉接受监督和勇于自我革命的实际行动,配合巡察组共同完成好党委交给的巡察工作任务。

(三)坚持同题共答是贯彻巡视工作方针的必然要求

中央巡视工作方针是“发现问题、形成震慑,推动改革、促进发展”,这十六个字包含两层含义、构成一个整体。发现问题、形成震慑,是巡视巡察的出发点和首要任务;推动改革、促进发展,是巡视巡察的落脚点和根本目的。巡察发现问题、查找差距并不是否定被巡察党组织取得的成绩,更不是故意找茬,而是立足新阶段新要求,进一步找准改进方向、促进工作向更高质量发展。从根本上讲,这和被巡察党组织的根本利益是高度一致的,是内生动力与外部推力的有机结合。巡察组和被巡察党组织只有准确理解、全面贯彻中央巡视工作方针,树立正确的巡察监督政绩观,才能真正形成同题共答的合力。同题共答的“题”就是人民群众的利益、本单位的利益、国家的利益,所“答”的是共同的责任与担当。同题共答做得越好,发现问题就会越深入,解决问题也会越彻底,巡察监督才能真正做到可亲、可信、可敬。

二、巡察组要把同题共答工作理念贯穿政治巡察全过程各环节

巡察中,巡察组既要站稳政治立场,坚持严的基调,又要转变监督理

念,把支持融入监督,坚持同题共答。

(一)加强理论学习,提升政治能力

政治巡察作为重要政治工作,既要讲政治,也要讲政策,政治是方向,政策是依据和标尺[3]。做好巡察工作,要求巡察干部必须深入学习贯彻习近平新时代中国特色社会主义思想,特别是习近平总书记关于巡视工作的重要论述、关于被巡察单位相关领域的重要讲话和重要指示批示精神,切实提高政治站位和政治巡察把握能力,做到对“国之大者”心中有数,对巡察工作的定位、方针、重点、方法心中有数,对被巡察党组织的职责使命、地位作用心中有数。要站稳政治立场,发扬斗争精神,坚持严的基调,认真找问题,找到真问题。要深入研究巡察工作规律,把握被巡察单位的职能责任和工作特点,紧盯“关键少数”,完善查找问题的方式方法和“三个聚焦”监督重点,增强巡察的权威性、震慑力、穿透力。

(二)加强综合研判,精准有效监督

巡察组要把握好政治与业务的关系,坚持从业务看政治、从现象看本质、从问题看责任,提高从政治上发现问题、分析问题、辨别问题的能力,既要“进得去”,也要“出得来”。“进得去”就是要善于从具体业务切入,发现和查找问题,从政治巡察的高度分析、研判和定性问题;“出得来”就是要防止查找问题就业务论业务,把巡察等同于一般的业务检查、工作督察。链接“政治”与“业务”的桥梁是“责任”,要善于从“责任”出发去分析、定性问题。《中国共产党巡视工作条例》规定:“巡视工作坚持实事求是、依法依规。”[4]巡察要坚持实事求是反映问题,一是一、二是二,既不隐瞒遗漏、添枝加叶,也不主观臆断、以偏概全,确保工作经得起历史、实践和人民的检验。

(三)加强沟通交流,凝聚思想共识

巡察是密切联系群众的纽带,是“宣传队”“播种机”。开展巡察的过程,既是查找问题的过程,更是传达上级党委全面从严治党要求、纠正偏差落差温差、压实管党治党政治责任的过程。整个巡察过程,巡察组都要注重加强与被巡察党组织的沟通,既要通过加强沟通广泛凝聚共识,激发同题共答的内生动力,也要通过沟通充分听取意见建议,做到精准发现问题、精准分析问题、精准报告问题,提出有针对性的整改意见建议。特别是现场巡察工作结束前要与被巡察党组织主要负责人沟通情况,重点对那些政策性、法律性、专业性很强的问题,关系群众切身利益的问题,历史背景和形成原因复杂的问题等听取意见,避免因沟通不畅产生误解,导致发现的问题不精准或无法整改,破坏了巡察的公信力。

三、被巡察党组织要把同题共答作为推动改革发展的强大动力

被巡察党组织既要勇于发扬自我革命精神,自觉支持配合巡察工作,还要善于借势借力推动解决本单位重点、难点问题,切实抓好巡察整改和成果运用,推动工作向更高质量发展。

(一)提高政治站位,全力配合巡察

巡察是各级党委履行全面从严治党主体责任的有力抓手,实现一届任期内巡察全覆盖,既是党章的明确要求,也是全面从严治党的硬性任务,充分体现了上级党委对被巡察党组织事业发展的高度重视、对广大党员干部的关心爱护。被巡察党组织要切实提高政治站位,深刻领会巡察工作的重要意义,增强接受监督的思想自觉、政治自觉、行动自觉,以正确的态度、积极的状态迎接巡察,认真按照有关规定做好配合工作。广大党员干部要高度重视巡察工作,以迎接巡察为契机,认真总结工作,完整呈现真实的工作状态和工作成果,负责任地报告存在的问题与薄弱环节,客观公正地向巡察组反映有关问题,确保巡察组真实了解、全面掌握本单位的各方面情况。

（二）强化政治担当，狠抓整改落实

抓巡察整改是被巡察党组织落实全面从严治党主体责任的具体化，是加强同题共答的关键。习近平总书记强调："巡视发现问题的目的是解决问题，发现问题不解决，比不巡视的效果还坏，做好巡视'后半篇文章'关键要在整改上发力。"[5]巡察是政治巡察，本质上是政治监督。政治巡察发现的问题，必须从政治上看、从政治上抓、从政治上加以解决，以政治能力提升带动业务能力提升，切实保证巡察整改落实到位。被巡察党组织要切实强化政治担当，扛起整改主体责任。党组织书记要切实履行第一责任人责任，以上率下亲自抓，把整改作为党组织的"主责工程"、书记的"一把手工程"，挂帅出征，直接抓、抓具体、抓到底，一项一项推动整改落实到位。其他班子成员要履行"一岗双责"，落实好分管范围内的整改任务。要层层传导压力、压实责任，督促每一名党员干部把自己摆进去、把职责摆进去、把工作摆进去，主动认领任务，坚决落实相应的整改责任，形成齐心协力抓整改的良好局面。

（三）用好巡察成果，坚持以巡促治

巡察是治标之举，更是治本之策。巡察整改要按照"四个融入要求"，牢牢把握"具体问题"整改、"举一反三"整改、"推动改革、促进发展"深度整改三级递进的整改路径，从点到线、从线到面，创新思路、举措、机制，把整改融入日常工作，融入深化改革，融入全面从严治党，融入班子队伍建设。整改中要以巡察反馈的具体问题和整改意见建议为依据，制定问题清单、任务清单、责任清单，抓好集中整改；要举一反三，查摆同类问题、倾向性问题，一体推进整改；要以巡察整改为契机，着力解决阻碍高质量发展的深层次问题，以巡促改、以巡促建、以巡促治，建立和完善一批管长远、治根本的制度机制，实现监督、整改、治理的有机贯通。

四、结语

巡察工作作为一项系统工程,方向在基层,重点在基层。巡察发现问题、推动解决问题的最终目的是实现人民群众的利益,增强人民群众的获得感、幸福感、安全感。从根本上讲,巡察工作的价值取向和党的初心使命、被巡察党组织的职责使命是高度一致的。巡察组和被巡察党组织只有本着对党负责、对事业负责、对人民负责的态度,共同把同题共答的文章做大、做深、做实,真正做到政治上同向、思想上同心、步调上同频、行动上同力,才能共同推动党的事业向更高质量发展。

参考文献

[1]中共中央办公厅法规局. 中国共产党党内法规汇编[M]. 北京:法律出版社,2021:629.

[2]中央巡视工作领导小组办公室. 市县巡察工作[M]. 北京:中国方正出版社,2022:10.

[3]中共中央办公厅法规局. 中国共产党党内法规汇编[M]. 北京:法律出版社,2021:636.

[4]中央巡视工作领导小组. 巡视整改落实是“四个意识”的试金石[N/OL]. (2018-11-01) www. xinhuanet. com. politics/2018-11/01/c. 1123649/44. htm.

高校巡察工作与思想政治教育协同融合的工作探究

天津外国语大学

王瑾

摘　要：高校巡察工作是加强全面从严治党的一项重要举措，而思想政治教育是高校巡察工作的重要内容。本文从三个层次阐述了高校巡察工作与思想政治教育协同机制，同向发力，深度融合，强化思想政治教育贯穿始终的重要性和具体措施。一是加强对巡察干部的思想政治教育，提高其政治站位和监督能力；二是加强对被巡察单位党员干部的思想政治教育，引导其自觉接受监督，以自我革命精神抓好巡察整改；三是把被巡察单位开展思想政治教育工作情况作为监督重点，督促更好履职尽责，为党育人、为国育才。

关键词：高校巡察；思想政治教育；政治监督；协同融合

党的二十大报告指出，健全党的统一领导、全面覆盖、权威高效的监督体系，发挥政治巡视利剑作用，落实全面从严治党政治责任。高校开展巡察工作，是对各基层党组织全面深入的“政治体检”，是党委强化管党治党责任、落实立德树人根本任务的有力抓手，是保障学校事业健康发展的重要利器。高校开展巡察工作，是贯彻落实新时代党的建设总体要求，是净化校园政治生态的重要方式，是认真落实立德树人根本任务，是积极回应师生关切问题的重要抓手，是强化学校党内监督、履行党委主体责任的重要助推。高校巡察工作应把思想政治教育贯穿始终，巡察工作与思想政治教育应一体谋划、一体部署、一体推进,学习教育双管齐下、政治巡察精准发力、检视整改紧盯不放,确保思想政治教育与巡察工作深度融合,以推动高校事业的高质量发展。

一、提高政治站位,筑牢思想之基,加强对巡察干部的思想政治教育

巡察干部是高校巡察工作的重要力量,他们的思想政治素质和监督能力直接影响到巡察工作的效果。因此,要加强对巡察干部的思想政治教育,帮助他们提高政治站位,加强政治理论和业务学习,增强使命感和责任感,要敢于斗争,善于斗争,做到精准有效监督。

首先,要帮助巡察干部提高政治站位,明确巡察工作的重要性和使命感。巡视巡察是党内监督的战略性制度安排,是党之利器、国之利器,旨在加强全面从严治党,推动各党组织和党员干部不断加强自身建设,更好履职尽责,做到"两个维护"。因此,高校巡察干部要切实提高政治判断力、政治领悟力、政治执行力,牢记"两个永远在路上",时刻保持解决大党独有难题的清醒和坚定;切实提高政治站位,充分认识巡察工作地位、作用,增强责任感和使命感,本着对党负责、对学校事业负责、对干部负责的态度,扎实做好监督检查工作,做到精准发现问题、如实报告问题、推动解决问题,坚决完成党委交给的巡察工作任务。[1]

其次,要熟练掌握政策,提高巡察工作的专业水平。高校巡察工作是一项复杂的工作,需要巡察干部具备较高的政治素质和专业水平。因此,要通过组织学习和培训,帮助巡察干部熟练掌握相关政策法规和工作要求,增强掌握政策的判别力、发现问题的观察力、分析问题的突破力,不断提高巡察工作的专业化水平。

最后,要敢于斗争,善于斗争,做到精准有效监督。高校巡察工作是一项监督工作,需要巡察干部具备敢于斗争、善于斗争的精神。在巡察工作中,巡察干部要敢于揭露和纠正违规违纪行为,善于运用监督手段,做到精

准有效监督。

二、突出政治监督，加强对被巡察单位党员干部的思想政治教育

被巡察单位党员干部是巡察工作的监督对象，他们的思想政治素质和配合程度直接影响到巡察工作的效果。巡察是政治巡察，本质上是政治监督。政治巡察发现的问题，必须从政治上看、从政治上抓、从政治上加以解决，以政治能力提升带动业务能力提升，切实保证巡察整改落实到位。[2]《中国共产党纪律处分条例》《党员权利保障条例》等也都对党组织和党员支持、配合、参与巡察工作作出明确规定，对妨碍干扰巡视巡察工作将依法依规依纪追究责任、严肃处理。[3]因此，要加强对被巡察单位党员干部的思想政治教育，引导其自觉接受监督，认真配合巡察，以自我革命的精神做好巡察整改。要充分发挥巡察政治监督作用，切实做到真管真严、敢管敢严、长管长严，不断巩固和提升风清气正、干事创业的良好校园政治生态。

首先，要加强对被巡察单位党员干部的思想政治教育。要引导他们树立正确的政绩观和工作观，要认真履行职责，加强党员干部自我约束，严格遵守党的纪律和党的规矩。巡察干部要牢牢把握政治巡察职能定位，围绕“三个聚焦”，把严的基调、严的氛围、严的措施长期坚持下去，真正发挥利剑作用。

其次，被巡察单位党员干部要自觉接受监督，树立正确的监督观念。被巡察单位党员干部要认识到监督是一种正常的工作状态，是推动党的建设和发展的必要手段。被巡察党组织的党员干部要树立正确的监督观念，习惯于在受监督和约束的环境下开展工作，主动配合巡察工作的开展。

最后，要以自我革命精神抓好巡察整改。巡察发现问题的目的是解决问题，最终促进被巡察单位事业向更高质量发展。被巡察党组织广大党员干部要切实提高政治站位，强化政治担当，积极发扬刀刃向内的自我革命精神，坚决扛起巡察整改主体责任，对照巡察反馈问题深入剖析原因，制定

切实可行的整改措施,层层传导压力、压实整改责任,确保整改落实到位,各项制度机制完善,以实际行动践行“两个维护”。

三、坚持问题导向,把被巡察单位开展思想政治教育工作情况作为监督重点

高校巡察工作要把思想政治教育贯穿始终,把被巡察单位开展思想政治教育工作情况作为监督重点,督促更好履职尽责;要把习近平总书记关于思想政治工作的重要指示批示精神落到实处,更好为党育人、为国育才。高校巡察工作是为了发现和解决问题,而发现和解决问题又是为高校更加健康地发展,为高质量发展提供强有力的保障,要在巡中坚持问题导向,突出问题发现系统思维和辩证统一;要深刻认识新时代高等教育的发展规律,切实推动高校党的建设和事业融合发展、高质量发展。[4]

首先,要加强对被巡察单位开展思想政治教育工作情况的监督。高校是培养人才的重要阵地,高校党组织的思想政治教育工作直接关系到高校育人质量和国家未来发展。因此,巡察工作要加强对被巡察单位开展思想政治教育工作情况的监督,把被巡察单位落实意识形态工作责任制情况、加强师德师风建设情况、推动课程思政建设情况、党员教育管理情况等作为监督重点,确保中央、市委有关思想政治教育的决策部署和学校党委的各项工作要求落地生根。

其次,要督促被巡察单位更好履职尽责。立德树人是高校的根本任务,也是各二级党组织的首要职责。做好思想政治教育工作,是落实立德树人根本任务的重要途径。被巡察党组织要切实把责任扛在肩上,把工作谋划在前,把措施落实落细,充分发挥辅导员、班导师、专业教师、专兼职党务干部等多支队伍力量;要督促每一名党员干部把自己摆进去、把职责摆进去、把工作摆进去,主动认领任务,坚决落实相应的整改责任,形成齐心协力抓整改的良好局面;要有效运用开学第一课、第二课堂活动、新媒体平台、党团校培训、实习实践等平台,提升思想政治教育覆盖面、吸引力,促进

学生专业素养和综合素质的整体提升。

最后,要把习近平总书记关于思想政治工作的重要指示批示精神落到实处。习近平总书记多次强调,思想政治工作是党的建设的重要方面,是全面从严治党的重要内容。巡察是治标之举,更是治本之策。要坚持问题导向,着力解决阻碍高质量发展的深层次问题,要以巡察反馈的具体问题和整改意见建议为依据,制定问题清单、任务清单、责任清单,抓好集中整改;要举一反三,查摆同类问题、倾向性问题,一体推进整改;要贯彻推动高质量发展理念,强化统筹思维,注重对共性问题加强分析研判,从机制上找不足、从制度上补缺口,厘清问题产生根源,建立常态长效机制,实现系统施治、标本兼治。

四、结论

高校巡察工作要把思想政治教育贯穿始终,加强对巡察干部的思想政治教育,引导被巡察单位党员干部自觉接受监督,以自我革命的精神抓好巡察整改,把被巡察单位开展思想政治教育工作情况作为监督重点,督促党员干部更好履职尽责,把习近平总书记关于思想政治工作的重要指示批示精神落到实处,更好为党育人、为国育才。高校巡察工作的开展需要全体巡察干部和被巡察单位党员干部的共同努力,只有不断加强思想政治教育,才能推动高校党组织和党员干部不断加强自身建设,做到“两个维护”。要始终坚持巡察干部与被巡察单位“同向发力、同题共答”,充分发挥政治巡察“监督保障执行、促进完善发展”作用,为推动高校思想政治工作走深走实、取得实效提供坚强政治保障。

参考文献

[1]申琳.江苏构建“一制三库”兼职巡视干部管理制度体系　涵养巡视人才“蓄水池”[N].人民日报,2016(1).

[2]《〈中国共产党巡视工作条例〉释义》编写组.《中国共产党巡视工作条例》释义[M].北京:中国方正出版社,2015.

[3]中共中央办公厅法规局.中国共产党党内法规汇编[M].北京:法律出版社,2021.

[4]魏学文.高校巡察的文化和德育作用探究[J].领导科学论坛,2022(4).

以巡察之力推动高校党建工作发展的路径思考

天津外国语大学

赵元元

摘　要:党建工作和巡察工作都是高校党委主体责任的一部分,二者之间既有区别,又有联系。高校党委要坚持一手抓党建,一手抓巡察,以党建引领教育教学和思想政治教育工作,以巡察监督推动党建工作责任落实,以"巡察之力"推动党建工作发展。

关键词:巡察;党建工作;发展;探究

高校的根本任务是立德树人,抓好党建工作是落实立德树人根本任务的必然要求。高校内部巡察是党委履行管党治党政治责任的有力抓手,对提升党建工作质量水平、以高质量党建引领高质量发展起到积极的促进作用。

一、高校党建工作与巡察工作的重要意义及其内在联系

(一)深刻认识高校党建工作与巡察工作的重要意义

"高校承担着人才培养、科学研究、社会服务、文化传承创新和国际交流合作的重要使命,是巩固马克思主义指导地位、发展社会主义意识形态

的重要阵地,在整个教育体系中具有举足轻重的地位。"[1]新时期,高校党建首先要牢牢把握党对高校的全面领导,坚持社会主义办学方向,全面贯彻落实党的教育方针,围绕立德树人根本任务,以教师、学生为两类重点人群,开展以坚定理想信念为重点的思想建设,以严格党员发展、打造高素质党员队伍为重点的组织建设,以夯实全心全意为人民服务为宗旨的作风建设,以健全民主集中制为重点的制度建设,以营造风清气正政治环境为重点的廉洁文化建设,推动落实全面从严治党向纵深发展。

党的十八大以来,党的巡视工作在坚持中深化,在深化中发展。党的十九大报告提出要深化政治巡视,建立巡视巡察上下联动的监督网,经过近年来的探索,中央、省、市、县四级巡视巡察监督体系基本形成,巡视巡察成为党内监督的战略性制度安排、国家治理体系和治理能力的重要组成部分,成为党之利器、国之利器。全面从严治党永远在路上,党的自我革命永远在路上,高校巡察是伴随着近年来全面从严治党的深入推进应运而生的,是高校党委履行全面从严治党主体责任的重要抓手,在推动全面从严治党向基层延伸、向纵深发展方面发挥了积极作用。

(二)深刻把握高校党建工作与巡察工作的内在联系

党建工作与巡察工作都是高校党委主体责任的一部分,二者之间既有区别,又有联系。党建工作是高校党委贯彻党的教育方针、坚持社会主义办学方向、加强党对教育工作的全面领导、落实立德树人根本任务的核心,是非常严肃的政治工作。落实好党建工作责任制,是高校各二级党组织和广大党员干部应尽的职责,是落实为党育人、为国育才职责使命的具体体现。高校巡察不是党建业务检查,但领导班子建设和基层党组织建设情况是高校巡察监督的重点内容。巡察紧扣权力和责任,紧盯各二级党组织"一把手"和领导班子成员,通过发现各二级党组织党建工作存在的问题,推动各级党组织和广大党员干部更好地履行党建工作责任制,积极强化基层党组织政治功能,发挥好党员先锋模范作用,切实发挥党建引领示范作用。

二、高校巡察发现的党建主要问题及产生原因剖析

巡察工作既坚持问题导向,也注重结果导向。通过发现党建方面的问题、分析定性问题、提出整改意见建议,能够更好促进党建工作发展。

(一)巡察发现的党建主要问题

高校内部巡察发现各二级党组织主要存在以下几类问题

1. 党的政治建设方面的问题

落实党的理论和路线方针政策和上级党委决策部署不到位,多停留在理论层面,结合本单位具体实际落实不够,求深求细求实上做得不够;领导班子的领导核心作用发挥不充分,“头雁效应”不明显;全面从严治党主体责任逐级压紧压实方面落实不到位,对下级党组织经常性指导和监督不够,没有真正做到真抓真管、严抓严管、长抓长管;党委委员落实“一岗双责”意识不强,不同程度重业务、轻党建;加强党的全面领导不够有力,党委会、党政联席会议事规则执行不到位,会议记录不规范;对意识形态工作重视程度不够,工作责任落实不力,网络意识形态阵地建设管理存在漏洞。

2. 党的思想建设方面的问题

对师生的思想引领不到位,学习贯彻习近平新时代中国特色社会主义思想、党的二十大精神和习近平总书记关于教育的重要论述不深入;党建工作和中心业务工作同研究、同部署、同推进、同落实上有差距;师德师风建设以学习文件制度为主,具体落实中缺乏有效招法和有力监督;用党的创新理论武装师生党员头脑有差距,党员对党的理论知识掌握不扎实,理解学习不深刻;中心组旗舰引领作用发挥不充分,学习不深不透,存在以会代学、只学习不讨论或研讨结合自身工作实际不紧密等问题。

3. 党的组织建设方面的问题

党员发展材料不规范,党员教育培养形式单一;党内政治生活开展不

规范，“三会一课”活动频次不够，寒暑假期间开展支部活动不及时，主题党日活动多以集中学习形式开展，形式单一、内容不丰富，对党员的吸引力不足，党员参与积极性较差；党建与业务工作结合不紧密，存在不同程度“两张皮”现象；党组织换届工作不规范；党建工作人员创新意识不足、能力有欠缺等。

4. 党风廉政建设和作风建设方面的问题

营造风清气正的政治环境举措单一，谈心谈话围绕教学、科研、管理等业务工作多，聚焦作风建设、廉洁意识少；纪委监督延伸到支部不彻底；警示教育作用发挥不充分，形式以观看教育片、谈体会多，用身边事教育身边人少。

（二）问题产生原因剖析

高校党建出现上述问题的原因：一是政治站位不高，党组织政治引领作用发挥不够充分。时时对表、处处对标的政治意识、政治能力不够强，用党的创新理论武装头脑、指导实践、推动工作有差距，理论学习没有做到深化、内化、转化。二是管党治党意识不强，严的基调没有一贯到底。党组织落实全面从严治党主体责任不够有力，没能做到真管真严、敢管敢严、长管长严；党组织书记全面从严治党第一责任人职责履行不到位，班子成员“一岗双责”意识不强，纪委书记落实监督责任还有差距，不敢监督、不会监督、不愿监督的情况普遍存在。三是“把抓好党建作为最大的政绩”的理念树得不牢。党建工作摆位不高，党建工作缺少整体谋划和组织推动，与业务的深度融合不够；一切工作到基层、到支部的导向不够鲜明，对基层党建指导监管不严，缺少一根钢扦插到底的韧劲；提升基层支部组织力的措施招法不多，党委抓牢支部、支部严管党员、党员带动师生的党建工作新格局未真正形成。

三、以巡察之力推动高校党建工作发展的方法路径

实现一届党委任期内巡察全覆盖是党章的明确规定。高校党委可以借助了解、反馈、整改等巡察环节,通过压实整改责任、加强队伍建设、用好巡察成果,进一步推动高校党建工作高质量发展。

(一)以巡察整改促党建责任落实

习近平总书记强调,巡视发现问题的目的是解决问题,发现问题不解决,比不巡视的效果还坏,做好巡视“后半篇文章”关键要在整改上发力[2]。被巡察党组织要以巡察反馈问题整改为契机,把党建工作责任落实落细。第一,要提高思想认识。深刻认识党建工作的重要性,明确党要管党、从严治党,加强党的自身建设的极端重要性。第二,要以巡察为契机,围绕立德树人根本任务,在教学、科研、管理等多方面坚持党的全面领导,在加强党的建设、推进全面从严治党上聚焦、聚力,把党建贯穿到各项事业之中,增强政治判断力、政治领悟力、政治执行力。第三,要全面加强政治理论学习,深化理解把握习近平总书记关于教育的重要论述和重要指示批示精神的精髓要义,在加强党的全面领导、落实党建工作责任制上深入思考,找准切入点、结合点、着力点,切实提高党建工作质量。第四,要对照查反馈的党建问题清单,制定整改台账,逐条明确整改部门、责任领导、整改时限、整改措施。对于个性问题,探寻问题存在的根源,拿出针对性措施,立行立改;对于共性问题,建章立制,强化制度制约,不断推进全面从严治党向纵深发展。同时,进一步强化日常监督,将督查整改落实作为书记工程,一项一项抓,一条一条改,做到有部署、有安排、有指导、有督查、有反馈、有整改,真正做到“事事有回音、件件有着落”。

(二)以巡察岗位发现和锻炼干部

目前高校巡察大多以一轮一授权的方式,按照“德才兼备+专业骨干+

优秀后备”等标准，抽调优秀干部组成巡察组开展工作。这些抽调干部自身的专业素质、业务能力对于巡察工作的质量起到了关键作用。但巡察工作的政治性、政策性和专业性很强，这些干部也有自身的短板，通过参加学校党委组织的系统培训，短时间内这些干部在政策理论水平都会有很大提高。特别是经过一轮甚至多轮的巡察工作实践后，他们对习近平总书记关于教育的重要论述、党的理论和路线方针政策和党中央、市委重大决策部署更是熟稔于心，政治意识、政治能力、纪律作风、工作方法都会更加完善突出。抽调干部通过及时梳理、总结、归纳工作，将对巡察工作以及自身负责业务工作或者综合工作有更全面的认识，回归本职岗位后能够更好发挥“反哺”作用，促使自身工作和本单位相关工作更加规范严谨，从而整体上推进学校党建工作质量。同时，学校党委也可以利用巡察平台，锻炼、培训、发现干部，对于巡察过程中表现优秀、成长迅速的干部，予以提拔重用。

（三）以成果运用促党建质量提升

高校党委要指导组织部门充分用好巡察成果，结合巡察机构通报的情况和移交的典型问题，全面了解掌握被巡察党组织党建工作情况，认真履行巡察整改日常监督责任。同时举一反三，用好巡察成果，针对巡察发现的典型性、普遍性问题，在全校范围内开展专项整治，放大巡察监督效应，推动全校党建工作全面提升、全面过硬。要指导被巡察党组织严肃认真召开专题民主生活会，对巡察发现问题的根源进行深刻剖析，切实统一思想，压实责任，认真抓好整改。同时，要把巡察成果运用到领导班子和领导干部的履职评价，对个别问题较重的领导干部进行约谈提醒，责令其在民主生活会上做出深刻检视，确保问题“不贰过”。

四、结语

教育是国之大计、党之大计。党的二十大报告聚焦教育、科技、人才在实现中国式现代化中的基础性、战略性支撑作用，对办好人民满意的教育作出重要部署。高校党委要切实提高政治站位,强化政治能力,坚持一手抓党建,一手抓巡察,以党建引领教育教学和思想政治教育工作,以巡察监督推动党建工作责任落实,形成党建与巡察融合互促的良好局面,为党和国家培养更多德智体美劳全面发展的社会主义建设者和接班人。

参考文献

[1]吴道槐. 切实履行职责推动落实立德树人根本任务[J]. 中国纪检监察,2019(11):13.

[2]中央巡视工作领导小组,巡视整改落实是“四个意识”的试金石[N/OL]. (2018-11-01) www. xinhuanet. com. politics/2018-11/01/c. 1123649/44. htm.

新时代高校巡察干部队伍建设路径探究

天津城建大学

杨志清

摘　要：高校开展内部巡察是推动全面从严治党向基层延伸的重要举措，是提高管党治党、办学治校能力，提升二级党组织党建工作水平和治理能力的有效途径。巡察干部是实现巡察工作高质量发展的基本保障，笔者通过调查研究，分析目前高校巡察干部队伍建设的现状和主要困境，积极探索构建"选育管用"的全链条巡察干部培养体系，提出推动高校巡察干部队伍建设的有效路径。

关键词：高校巡察；巡察干部；队伍建设

一、高校巡察工作的重要意义

习近平总书记在二十届中央纪委二次全会上发表重要讲话，强调要把巡视利剑磨得更光更亮，勇于亮剑，始终做到利剑高悬、震慑常在。巡察是巡视向基层的延伸，是完善党内监督的重要制度，是推进全面从严治党向纵深发展，实现监督全覆盖的重大举措。高校巡察在推进全面从严治党、加强党的建设中发挥重要作用，能够有效压实二级党组织领导班子和基层党组织的主体责任，聚焦党的教育方针、党中央对高等教育的定位，自觉把立德树人使命任务内化到政治监督的全过程各环节，围绕"为谁培养人"

督促各级党组织强化党的全面领导，大力营造讲担当、促作为、抓落实的良好氛围，以良好的党风政风带动校风教风学风持续向上向善。巡察干部队伍是开展巡察工作的基本保障，“打铁必须自身硬”，巡察干部队伍建设要以加强政治建设为统领，必须旗帜鲜明讲政治，用政治眼光聚焦发现问题，查找政治偏差，切实发挥政治“探照灯”、政治“显微镜”作用。

二、高校巡察队伍建设的现状及主要困境

（一）巡察干部队伍流动性大

高校巡察机构组建时间不久，部分高校专职巡察干部编制较少或难以做到满编配备，组建巡察组往往需要临时从其他单位（部门）抽调大量的人员，巡察干部队伍建设的流动性较大，同时临时抽调的巡察干部有时还要兼顾本单位（部门）工作，投入精力有限。一轮巡察培养一批新的巡察干部，培养周期长、利用率低，作用发挥不明显，同时边工作边学习的模式对高质量开展巡察工作产生影响，使得彰显巡察利剑作用的“战场”变为新兵适应工作的“试验田”[1]，严重制约巡察工作整体质量和效能。

（二）巡察干部能力素质参差不齐

在当前国内许多院校的内部巡察监督中，巡察组成员绝大多数不是“科班出身”，甚至有部分人在进行了短暂培训之后便投入巡察岗位，其对巡察工作人员的规定和相关规范了解不够深入，业务能力和巡察经验明显不足，存在对中央和市委有关巡视巡察工作要求、学校相关政策制度掌握不够深入、不够全面的现象；部分巡察干部缺乏实战经验，发现问题浅表化，方法不够灵活，容易出现问题定性不准、监督重点不突出等情况；巡察人才库建设后劲不足，对巡察干部缺少系统的教育培训计划，集中学习培训系统性、针对性不强，“以老带新，以干带训”效果不够理想，巡察干部履职能力有待进一步提升。

(三)巡察干部激励机制不健全

高校巡察工作整体处于起步阶段,工作体制机制还不健全,部分高校缺少巡察干部激励机制和相关保障制度,没有制定科学合理的巡察干部选拔培养机制,巡察干部职务晋升渠道得不到有效畅通,巡察干部日常工作表现、民主评议、考核评价结果没有充分运用到组织人事部门选人用人评价体系中[1],导致在巡察干部管理方面比较被动,存在“干多干少一个样”的现象和抽调干部“不想来、不能用”等问题,极大降低了巡察干部工作的积极性、主动性。

三、加强巡察干部队伍建设对策建议

高校党委要充分发挥巡察“熔炉”作用,把巡察岗位作为发现、培养、锻炼干部的有效途径和重要平台,通过高标准选拔、多途径培育、严格管理等“链条式”培养方式,让巡察干部在实践中接受党性锻炼、增强政治定力和提升能力素质,切实推动学校巡察工作高质量发展。

(一)选优配强巡察干部——精准“选”,打造巡察干部成长的“蓄水池”

高校党委高度重视加强巡察人才库建设,把选优配强巡察人才库作为抓好巡察工作的重中之重。坚持“抽硬人”和“硬抽人”原则,把好巡察人才库入库程序关、业务关、素质关“三道关口”,筑牢巡察队伍“四梁八柱”,着力打造一支相对稳定的巡察干部队伍。一是坚持把好入库人选的“程序关”。人才库首次入库人选由巡察办从日常工作表现优秀的干部中推荐。巡察办会同组织部推荐组长库和副组长库建议人选,会同教工部推荐工作人员建议人选,并将全部人选报请纪检监察组复核,报巡察工作领导小组审定最终人选名单,确保优中选优。二是坚持把好入库人选的“业务关”。重点围绕党的组织工作、宣传工作、纪检监察工作等方面遴选优秀干部。同时进一步拓展巡察领域深度和广度，学校在机关范围内，广泛遴选组织人事、教学科研、财务审计等方面人才，确保巡察人才库人员是“全科医生”，切实提高精准发现问题的能力。学校党委还把具有巡视巡察工作经历的人员当成巡察人才库建设的“宝贵财富”，充分发挥巡视巡察“老兵”的“传帮带”作用，在推荐条件中着重强调优先推荐有巡视巡察经历的优秀干部入库，从源头上保证巡察人才队伍懂监督、善监督、敢监督。三是坚持把好入库人选的“素质关”。严格把握政治素质硬指标，把对党忠诚、政治过硬作为推荐的重中之重。通过基层推荐、组织人事部门、纪检部门层层把关，从入口上把深刻领悟“两个确立”决定性意义，增强“四个意识”、坚定“四个自信”、做到“两个维护”的干部选拔出来。确保在自身政治素质过硬的前提下，能够透过现象看本质、透过业务看政治，把业务问题上升到党的领导、党的建设、全面从严治党的政治高度去分析，着力提高在巡察过程中精准发现问题的能力。注重挑选年富力强、精力充沛、身体健康的年轻干部为巡察人才库的“主力军”和“生力军”，推动巡察人才队伍年轻化。通过动态管理不断优化巡察人才库，通过不断健全完善巡察干部准入、管理、激励等各项机制，有效激活巡察干部队伍“一池活水”，为巡察工作高质量发展提供了坚实的人才保障。

（二）着力提升履职能力——精心“育”，打造巡察干部成长的“孵化器”

高校党委注重巡察干部教育培训，不断提高巡察干部履职能力。一是加强巡视巡察理论知识学习。巡察工作要始终坚持把党的政治建设摆在突出位置，不断深入学习贯彻习近平新时代中国特色社会主义思想和习近平总书记关于巡视工作的重要论述，用理论武装头脑，在工作开展过程中要紧紧围绕“三个聚焦”和职责定位开展巡察，通过学习达到起步稳健、组织推进有序、发现问题精准的效果，充分发挥巡察“显微镜、探照灯”作用，达到发现问题、形成震慑的目的。二是加大岗前培养，多途径历练巡察干部。坚持“巡前必训”，巡察前紧扣巡察目标任务，通过集中学习和组内有针对性的小范围实用性强的业务专题培训，为巡察干部量身定制学习“营养套餐”，通过邀请各职能部门主要负责同志讲解相关领域的政策制度和基层单位易发频发的共性问题，提高巡察干部发现问题的精准度。通过巡前培训进一步给巡察干部特别是新抽调的干部“充电、加油”。三是“以干代训”，提高巡察干部实战能力。巡察期间，实行组长负责制，坚持采取以老带新的方式，充分发挥巡察组组长、联络员经验丰富的优势，采取“1+1”传帮带方式，帮助巡察“新兵”迅速成长，让他们通过接待来信来访，深入调阅分析资料，参与组务会分析研判问题，不断提升发现问题、研判问题的能力和水平；通过谈话了解、与干部群众互动交流、撰写巡察报告等方式不断提升履职能力，确保巡察工作上水平。

（三）锻造巡察尖兵——严格“管”，系好巡察干部成长的“安全带”

坚持严管厚爱，建立巡察干部管理长效机制。一是将工作纪律要求作为巡察干部入组前的必学内容，树立规矩意识。每轮巡察开始，在巡察工作实务专题培训的基础上，组织巡察干部观看《巡视利剑》等专题教育片，并学习《巡察工作保密规定》《巡察干部工作纪律》等制度文件，不断强化巡察干部纪律意识和规矩意识。二是强化内部监督，确保巡察队伍的纯洁性和战斗力。巡察干部严格落实“两不”、《巡察人员十不准》，全面加强巡察组作风情况，坚决防止“灯下黑”，对巡察干部苗头性、倾向性问题早教育、早打招呼、早提醒，着力培养忠诚干净担当的巡察队伍。三是选派优秀年轻干部、新提拔干部参加巡察组工作，让优秀干部和后备干部在巡察“熔炉”中淬炼，锤炼严谨工作作风，严格内部监督管理，坚持实战练兵和业务培训相结合，提高巡察干部透过现象看本质的政治本领，实现年轻干部“练兵强能”，全面提升年轻干部、新提拔干部工作能力，不断将“好铁”炼成“好钢”。

（四）畅通巡察干部“出口”——合理“用”，树立巡察干部成长的“风向标”

充分发挥巡察“熔炉”作用，把巡察岗位作为发现、培养、锻炼干部的重要平台。一是积极探索有效的考核评价方式，激励干部大胆实践、担当作为。巡察结束后，对巡察工作期间巡察干部的工作作风和纪律执行情况开展评估。由巡察组和巡察办结合巡察干部工作表现，对科级及以下巡察干部进行考核，出具鉴定意见，并按照不超过20%的比例，提出优秀抽调干部人选，报领导小组同意后，向干部所在二级党组织提出评先评优建议，加强跟踪了解，并报组织人事部门作为考核、奖励、任用等方面的重要依据。二是对参加巡察工作的组长、副组长，由领导小组对其履行职责情况进行考核评价。将考核结果作为干部年度考评和选拔任用的重要参考依据，畅通巡察干部“出口”，充分调动巡察干部工作的积极性。

参考文献

[1]李月亮.新形势下加强巡察干部队伍建设的几点思考[J].世纪桥，2019(4):50-51.

加强高校巡察整改和成果运用的路径研究

天津城建大学

王臣

摘　要:随着中共中央办公厅《关于加强巡视整改和成果运用的意见》的出台,对高校的巡察工作也提出了更高的要求,巡察整改和成果运用是巡察工作的关键一环,是推动高校高质量发展的新引擎。从实际工作来看,多数高校还存在着整改工作主体责任不够明晰、巡察整改日常监督未形成合力、成果运用机制不够完善等问题,基于此,本文对高校巡察整改和成果运用情况进行分析与研究。

关键词:高校;巡察整改;成果运用

加强巡视整改和成果运用,要坚持以习近平新时代中国特色社会主义思想为指导,全面贯彻中央巡视工作方针,落实政治巡视要求。中共中央办公厅印发了《关于加强巡视整改和成果运用的意见》,针对巡视整改和成果运用的总体要求、责任内容、工作机制等方面作出具体指示,对推动新时代巡视巡察工作高质量发展具有重要的指导意义。在高校内部开展巡察工作,始终要以习近平新时代中国特色社会主义思想为指导,以全面从严治党为抓手,严格落实中共中央对巡视巡察整改和成果运用工作的新部署新要求,以主题教育实效推动高校事业高质量发展。

一、高校加强巡察整改和成果运用的重要意义

党的二十大报告明确指出,要加强巡视整改和成果运用,突出体现了党中央对巡视整改工作的高度重视。高校开展巡察工作也是对巡视工作的延伸,是对高校基层党组织的"政治体检",是党委强化管党治党责任、落实立德树人根本任务的有力抓手。高标准高质量推动巡察整改,把整改成果转化为推动发展的实际成效,做实巡察"后半篇文章",是推动高校党的领导不断强化、党的建设全面加强的有力武器。

(一)加强巡察整改和成果运用,是高校以实际行动践行"两个维护"的根本政治任务

习近平总书记多次作出重要指示,强调巡视发现问题的目的是解决问题,巡视整改不落实,就是对党不忠诚、对人民不负责;要把整改融入日常工作、融入深化改革、融入全面从严治党、融入班子队伍建设,强化巡视成果综合运用,以巡促改、以巡促建、以巡促治。高校内部巡察就是检查二级党组织在日常工作中,学习贯彻习近平新时代中国特色社会主义思想主题教育工作重要论述的情况,贯彻落实党的教育方针、路线情况。通过加强巡察整改和成果运用,深入推动二级党组织建设发展,落实"立德树人"的根本任务,推进高校在新发展阶段实现高质量内涵式发展。

(二)加强巡察整改和成果运用,是高校以实际行动落实全面从严治党的根本政治要求

高校巡察是深入推进全面从严治党工作的重要举措,是全面从严治党工作向基层延伸发展的有效举措。通过校内巡察推动二级党组织领导班子及其成员认真落实全面从严治党主体责任,把党要管党、全面从严治党落到实处。成效是否可以落实落地,主要看整改过程,一旦整改成效没有落实落地,反馈的问题解决得不够彻底,巡察的作用就没有发挥出来。巡

察整改是否能够整改到位，是检验全面从严治党“两个责任”压得实不实的重要标准，可将二级党组织取得整改实效的情况，作为年末全面从严治党主体责任考核检查的重要一项内容，确保推动巡察整改取得实效。

（三）加强巡察整改和成果运用，是高校以实际行动践行“以师生为中心”的发展理念

高校巡察工作要牢固树立“以师生为中心”的理念，坚持一切为了师生、坚持党的群众路线、坚持服务好师生，加强群众监督，发挥联系师生纽带作用。通过巡察整改，着力解决二级党组织和党员干部在宗旨意识淡化、漠视师生诉求、“一线”调研不够、关爱师生不足、身边不正之风和存在微腐败等师生关注的热点、难点问题。始终把师生满意不满意作为检验巡察成果的根本评判标准。不断净化校园政治生态，推动巡察发现问题在整改期限内全部整改到位，以实际行动取信于师生，以扎实的整改成效增强广大师生的获得感、幸福感、安全感。

二、高校加强巡察整改和成果运用的现状审视

高校巡察工作在推动二级党组织分管（联系）校领导落实整改第一组长责任，加强与相关部门间的沟通协作配合，制定定期会商机制，促进巡察整改落实和成果运用方面取得了明显成效。但要清醒看到，不同层级、不同领域在落实巡察整改、用好巡察成果方面还存在不平衡、不充分问题。

（一）整改工作主体责任不够明晰

通过校内巡察发现问题、下发整改问题清单，校内二级党组织对照问题清单落实整改工作。然而，二级党组织对巡察整改的重视程度参差不齐，虽然部分高校建立了整改督查机制，但整改工作主体责任不够明晰，局限于上传下达，主动思考和担当作为不够，整改过程中上行压力逐层递减，导致整改机制落实不到位，整改成效逐层递减。提升高校巡察成效，要多

措并举综合施策。

（二）巡察整改日常监督未形成合力

巡察整改日常监督对于高校来说属于新生事物，开展时间不长，巡察整改监督体系尚不完备。校内巡察整改监督工作的初期，多数高校是由巡察办履行巡察整改的跟踪督办职责，统筹协调派驻纪检监察组和校党委组织部等部门完成二级党组织巡察整改的日常监督工作。实际工作中发现，二级党组织巡察整改的问题，通常是高校内部的共性和普遍性问题、多数涉及相关职能部门业务范围内的问题，仅仅依靠巡察办的力量，很难整改到位。且派驻纪检监察组和校党委组织部等部门对这些问题主动监督和把关的意识还不够强，致使日常监督工作往往流于形式。

（三）成果运用机制不够完善，持续整改不够到位

高校巡察整改成果运用不够充分，很大程度上是制度体系不够完善，整改成效工作未真正形成闭环。上级巡视巡察工作虽然对巡察整改和成果运用形成了制度规范，但在实际工作中，高校还未将近年来通过校内巡察得出的宝贵经验做法上升到制度规范。对巡察发现的问题是否整改到位、问题的解决是否达到师生的满意、巡察整改过程是否跟踪督办到位、相关部门间是否做到协作配合、巡察成果是否建立长效机制、整改未落实是否追责问责，都缺乏建立一整套完善的评估体系和保障责任体系落实的有效举措。在真正解决巡察“最后一公里”上还存在短板。

三、高校加强巡察整改和成果运用的对策举措

习近平总书记强调，巡视发现问题的目的是解决问题，发现问题不解决，比不巡视的效果还坏。巡视巡察“后半篇文章”能否写好，主要看整改效果怎么样。切实压实整改责任，强化日常监督机制，把巡察整改和深化标本兼治有机结合起来，综合运用巡察成果，做到“立行立改”“集中整改”

巡察发现的突出问题,不断完善相关制度,形成"常态化"的有效机制,推动发现的问题得到根本解决,从而促进高校健康持续发展。

(一)突出"责任体系",层层传导责任压力

高校巡察工作要想真正打通"最后一公里",压实主体责任是第一要素。从巡察反馈和移交环节,就要把整改责任和压力层层传导下去。二级党组织分管(联系)校领导履行巡察整改第一组长责任,压实二级党组织强化整改的主体责任,深挖根源问题,制定整改具体举措。二级党组织书记是巡察整改的第一责任人,履行巡察整改的首要责任、第一责任,从头到尾对整改负有首责,从根源抓好整改的落实工作;其他班子成员必须履行领导干部的"一岗双责"责任,对自身职责范围内发现的问题做好整改监督,保障落实落地。通过不断压紧压实每一步整改责任,确保二级党组织各项巡察发现的问题得到全面有效的解决。

(二)突出"合力联动",加强整改日常监督

中办印发的《关于加强巡视整改和成果运用的意见》明确了派驻纪检监察组和组织部门要担负起巡视整改监督责任。天津市纪委办公厅印发了《关于加强派驻纪检监察组对驻在单位巡察整改监督工作的通知》,明确了派驻纪检监察组负责驻在单位巡察整改监督工作,高校巡察工作领导小组、巡察办、巡察组要强化统筹督促责任。高校巡察办要加快角色转变的步伐,配合派驻纪检监察组和校党委组织部开展好巡察整改日常监督工作,结合高校实际,探索构建派驻纪检监察组和校党委组织部、督查室、巡察办、巡察组及相关职能部门积极协作,分层配合、全过程、高效率地落实贯通融合监督机制,逐步形成最大限度的整改监督合力。

(三)突出"制度保障",强化巡察成果运用

巡察整改要取得实效,首先要完善制度,构建整改常态化机制。将整改评估作为检验巡察整改成效的重要手段,探索建立巡察整改评估机制,

由派驻纪检监察组牵头，校党委组织部、督查室、巡察办、巡察组及相关职能部门共同参与协作，对在整改评估过程中发现未解决的问题，督促二级党组织按时完成整改要求。对落实整改不力、敷衍、虚假整改做成造成严重后果的，追究其责任。对巡察发现的普遍性、倾向性问题，要坚持举一反三，完善“自纠自查”机制，要求二级党组织对照开展“自我体检”。把巡察成果拓展转化成推动学校改革、促进事业发展、优化治理能力的实际效果，切实做到以巡促改、以巡促建、以巡促治。

四、结语

加强巡视巡察整改和成果运用，是习近平总书记和党中央对于推动新时代巡视巡察工作高质量发展的必然要求，也是高校在很长一段时间内探索研究的重要课题。高校党委要建立并完善巡察整改体制机制，要把巡察整改融入日常工作、融入深化改革、融入全面从严治党、融入班子队伍建设，综合运用好校内巡察成果，推动学校各项事业高质量健康发展。

参考文献

[1]本报记者. 加强巡视整改和成果运用　推动新时代巡视工作高质量发展[N]. 中国纪检监察报，2022-02-10(01).

[2]项丽霞，陈在铁，陈琛.《关于加强巡视整改和成果运用的意见》对高校组织力提升的贡献——基于沙洲职业工学院的调查分析[J]. 泰州职业技术学院学报，2022，22(5)：26-29.

[3]王海波. 聚焦三项重点　强化巡察问题整改和成果运用[J]. 廉政瞭望，2022(4)：85.

[4]苏倩. 以“三项机制”保障高校做好巡察整改“后半篇文章”[J]. 领导科学论坛，2021(7).

[5]高建. 高质量推动巡察整改和成果运用[J]. 廉政瞭望，2021

(21):76.

[6]蒋喻新. 构建“五位一体”巡察整改闭环责任体系[J]. 廉政瞭望, 2020(6):77.

推进高校巡察监督具体化、精准化、常态化的路径研究

天津城建大学

周斌

摘　要:党的二十大报告强调,推进政治监督具体化、精准化、常态化。本文拟从高校巡察机构在推进巡察政治监督具体化、精准化、常态化的实际操作方面存在的问题和困境入手,在深入剖析问题根源基础上,探讨如何基于"一基地三平台"推进高校巡察政治监督具体化、精准化、常态化的有效路径,提出建设性思路,为推进高校巡察工作高质量发展贡献智慧和力量。

关键词:巡察;政治监督;具体化、精准化、常态化

党的二十大站在我们党跳出治乱兴衰历史周期率的政治高度,强调推进政治监督具体化、精准化、常态化,进一步深化了对政治监督的规律性认识,对推进全面从严治党制度规范体系构建作出重点部署[1]。新时代加强高校政治监督,是高校巡察工作高质量发展的时代命题[2]。近年来,在高校的巡察实践探索中,巡察监督对于推动高校强化自我监督无疑发挥了积极作用。然而,由于推进巡察政治监督具体化、精准化、常态化在实际操作方面还存在不少需要解决的问题和困扰,因此进一步加强理论研究和实践探讨就显得十分必要。

一、推进政治监督具体化、精准化、常态化的重大意义

推进政治监督具体化、精准化、常态化,增强对“一把手”和领导班子监督实效,是党的二十大报告明确提出的要求。在二十届中央纪委二次全会上,习近平总书记再次强调:政治监督要在具体化、精准化、常态化上下更大功夫[3][4][5]。政治监督具体化、精准化、常态化要求的提出,为强化政治监督指明了方向,为新时代新征程强化政治监督提供了科学方法论和基本遵循。新时代下,加强党的政治监督是党多年执政经验的深刻体悟与总结,对于加强党的政治建设、坚持和完善党和国家监督体系、实现党的自我净化有着重要的意义。

(一)强化政治监督是督促全党坚持党中央集中统一领导、加强新时代党的政治建设的有力举措[6]

中国共产党作为无产阶级执政党,始终坚持以马克思主义为指导,党自成立之初就格外重视和强调全党的团结统一。党在革命、建设和改革进程中继承和发扬了加强政治监督这一优秀工作作风,有力保障了党的团结统一。新时代加强党的政治监督是维护党的权威、确保全党团结统一的必然选择和有力支撑[3][7]。

(二)强化政治监督是实现党的自我净化的内在要求[7]

“增强党自我净化能力,根本靠强化党的自我监督和群众监督”,这是习近平总书记在十九大报告中指出的[8]。政治监督是让党员干部经常接受“政治体检”的有效途径,能够帮助党员干部打扫政治上的灰尘,清除致病毒素、过滤思想杂质,筑牢思想防线,从而能够有效避免党员干部出现道德败坏、丧失底线、野心膨胀等不良情况。党的自我净化能力通过加强政治监督不断得以提升,从而确保党时刻保持先进性、纯洁性,让党成为一个

人民更加拥护、更加称赞的马克思主义执政党。

(三)强化政治监督是坚持和完善党和国家监督体系的重要内容[8]

党的十八大以来,我们不断创新党内监督方式,不断完善健全党内监督体系,既注重强化自上而下的组织监督,又不断改进自下而上的民主监督,同时着力发挥同级的相互监督作用,促进巡视监督“利剑”作用和派驻监督“探头”作用深度融合,实现“1+1>2”的监督叠加效应,确保党内监督全覆盖;深入推进国家监察体制创新发展,做到对一切行使公权力的公职人员100%监察全覆盖;坚持以党内监督引领带动其他各类监督,注重贯通融合,在实践中发现,这一监督方式是符合中国国情的,也是具有强大生命力的,能够最大限度释放监督效能。

二、高校巡察机构在推进政治监督具体化、精准化、常态化中存在的问题及原因分析

(一)巡察舆论宣传形式比较单一,巡察宣传力度不足[9]

对学校党委巡察工作办公室的部门工作职能责任宣传不到位,很多师生员工尚不能很好地区分巡察、纪检、督查的具体职能[10]。师生接受巡察宣传工作信息的渠道较为单一,多数是通过学校网站获取,党委巡察机构在巡察舆论宣传的深度和广度上下的功夫不够。在学校范围内加强对党委巡察工作的宣传和解读力度尚有不足,导致巡察制度、巡察目的和意义等有时不能够完全被二级党组织师生所认识和理解,主动参与并接受“政治体检”的意愿不强[11]。

(二)对巡察理论研究重视不够,运用理论指导巡察实践能力不强[12]

巡察是政治监督的重要手段,其基本职责是发现问题,巡察干部开展好理论研究,是履行好这一基本职责的“敲门砖”。但目前囿于高校巡察机构在编干部数量不足、对巡察理论研究重视不够,巡察干部忽视理论研究对于巡察实践的指导意义,片面地只注重参与巡察实践,不愿从事理论研究工作。近年来,高校巡察干部虽然也开展了一些巡察理论方面的研究,但相较而言,从当前理论和实践情况来看,对推进政治监督具体化、精准化、常态化的研究和运用在广度和深度上仍显不足[13]。

(三)巡察干部政治监督能力还不够高,巡察队伍专业化水平还不够强[11]

各高校巡察组成员绝大多数是从二级党组织和职能部门临时抽调的干部,其中很多借调干部对巡察制度及相关工作要求知之甚少,对政策的尺度把握不准。有一些借调干部经过简单的培训便投入巡察工作,对巡察工作的认识是模糊化、碎片化的。还有一些借调干部对政治监督的职能定位、内涵性质、任务内容等认识不够清晰,还存在着将一般的党建、业务工作检查、督查混同于巡察政治监督。有的借调干部结合被巡察党组织职责使命有针对性地开展政治监督,透过业务看政治,从各种问题背后深入挖掘政治根源的能力水平还有欠缺[3][11]。

(四)缺少互学互鉴、实践交流平台,对标一流,争先创优的工作氛围还不够浓厚

目前各高校巡察机构主要采取学习借鉴上级巡视或区县巡察工作的方式,守正创新、主动探索符合高校自身特点的巡察工作机制尚不够积极[14]。面对高校巡察实践过程中发现的现实问题,目前更多地局限于兄弟高校工作人员私下的沟通交流,高校巡察机构互学互鉴、实践交流的平

台还不够丰富，为巡察干部搭建学习交流平台，提供展示自我、学习成长的机会还不够多。

三、基于“一基地三平台”推进高校巡察政治监督具体化、精准化、常态化路径探索

（一）以巡察教育培训基地建设为依托，充分发挥线上线下巡察宣传阵地传播优势

以创建教育系统巡察教育培训基地暨党风廉政建设教育培训基地为载体，同时开设“城大巡察”微信公众号，着力构建线上线下优势互补的巡察宣传阵地，着力打造高校巡察特色品牌。通过基地宣传教育，使广大师生全面了解巡察工作的出发点和落脚点，着力提高巡察知晓度，提升师生参与巡察监督积极性。通过展示被巡察党组织部分巡察整改典型案例和各职能部门相关做法，充分发挥先进典型引领示范和辐射带动作用，扎实做好巡察“后半篇文章”。全面总结凝练教育系统在加强组织领导、加强巡察干部队伍建设、规范巡察工作程序等方面的优秀做法和典型案例，着力推进教育系统巡察工作高质量发展、将全面从严治党向纵深推进。

（二）以创建理论研究平台为抓手，着力提高教育系统巡察干部政策理论水平

高校应当充分发挥其理论研究优势，及时加强对校内巡察及相关理论的学术研究[15]。探索以出版《亮剑——高校巡察工作实践与探索》为契机，为教育系统巡察干部搭建理论研究平台。鼓励高校巡察干部带着课题深入巡察一线了解情况，在教育系统大兴调查研究之风，在经验总结基础上加强理论研究，在加强理论研究基础上推动解决当前巡察工作中存在的突出问题[14]。鼓励巡察干部尊重巡察工作的客观规律，始终坚持问题导向，结合高校巡察工作实际，从运行机制、理论根源、实践探索和发展对策

等方面，深入研究推进巡察政治监督具体化、精准化、常态化的思路举措。

（三）以创建巡察培训平台为抓手，着力提升教育系统巡察干部队伍专业化素养

依托教育系统巡察教育培训基地，开展教育系统巡察工作系列培训，加大培训力度，打造骨干队伍[11]。一方面，在培训方法上提倡多样性。专家讲授法：邀请巡察工作经验丰富的专家进行授课；案例研究法：梳理巡察发现的共性和个性问题形成案例集，组织巡察干部进行案例分析；专题研讨法：聚焦被巡察党组织核心职能和工作特点开展专题研讨，帮助巡察干部迅速了解被巡察党组织的全面情况。另一方面，要在培训对象上量体裁衣[15、16]。对组长、副组长的培养上要侧重大局观念的培养，教会他们如何站在学校党委、被巡察党组织的立场上思考问题、破解难题，如何与被巡察党组织同题共答、同向发力，最终实现推动改革、促进发展的目标；对普通巡察干部的培养要侧重夯实理论学习基础、提高巡察业务知识水平、增强文字写作综合能力；对人才库抽调人员的培养要注重提高其专业能力，重点让抽调人员能够熟悉巡察内容和流程，掌握基本的工作方法。

（四）以创建实践交流平台为抓手，着力营造互学互鉴、实践交流的浓厚氛围

高校巡察工作要坚持与时俱进、守正创新，时刻关注中央、市委、市教育两委对巡视巡察工作的新部署新精神新要求，同时要适时关注其他高校开展巡察中的新经验新做法[15]。通过持续办好《高校巡察工作简报》，更好传达中央、市委和市教育两委关于巡视巡察工作的部署要求，充分展示各高校巡察成果，交流工作经验。采取约稿和自主投稿等方式，鼓励各高校巡察机构积极参与、踊跃投稿，为巡察干部互学互鉴搭建平台、架起桥梁，为展示教育系统巡察工作增添窗口，为推进高校巡察政治监督具体化、精准化、常态化提供更多理论和实践思考。

参考文献

[1]孙赫东.心怀“国之大者”推动政治监督具体化、精准化、常态化[J].奋斗,2023(8):19-20.

[2]吴豪伟.围绕“四个突出”推进新时代高校政治监督具体化精准化常态化[J].北京教育,2023(14):75-77.

[3]罗星.推进政治监督“三化”——深入学习贯彻党的二十大精神系列党课[J].党课参考,2023(5):52-69.

[4]龚堂华.政治监督要在具体化精准化常态化上下更大功夫[J].中国纪检监察,2023(2):16-17.

[5]郭艳.推进政治监督具体化精准化常态化[N].山西日报,2023-04-19(005).epaper.sxrb.com/shtm/sxrb/20230419/857016.shtml.

[6]中央纪委国家监委第七监督检查室.不断推进政治监督具体化精准化常态化[J].中国纪检监察,2023(4):16-18.

[7]欧阳霞,石露露,周春鹏.新时代强化党的政治监督路径探析[J].东华理工大学学报(社会科学版),2022,41(2):101-105.

[8]段光鹏,王向明.新时代强化政治监督的重要意义、基本内涵与实践路径[J].党的文献,2022(1):58-65.

[9]吕思思,康瑛,牛东.新媒体视域下提升高校巡察舆论宣传思想政治工作路径探析[J].科教文汇,2020(17):37-38.

[10]张玉明.高校校内巡察的逻辑理路与制度建构[J].北华大学学报(社会科学版),2022,23(4):69-74.

[11]杨雯,郭枫.全面从严治党下高校巡察工作路径研究[J].北京教育(德育),2019(2):23-26.

[12]曲雁.新形势下高校巡察监督的优化路径研究[J].国家教育行政学院学报,2021(12):26-31、47.

[13]张裕华.县级巡察向村级党组织延伸问题及对策研究[D].山西

农业大学,2021.

[14]陈汐.高校校内巡察工作的现状分析及优化策略[J].法制与社会,2021(01):138-140.

[15]朱河锦.新时代高校校内巡察的现实困境与优化路径研究[J].创造,2021(12):48-54.

[16]张国辉.县级巡察人才队伍建设现状与优化对策[D].河北大学,2020.

提升高校巡察工作规范化的路径研究

天津音乐学院

张永彬

摘　要:通过制度构建才能实现监督的规范性与稳定性,这是基于党和国家历史上正反两方面的经验教训得出的基本结论,同时也是完善巡视巡察工作的基本遵循和重要经验。巡视巡察制度作为党和国家监督体系的一项战略性制度安排,具有全局性和长期性,只有建立健全巡视巡察工作的体制机制,才能确保党内巡视巡察监督的规范性、有效性。

关键词:巡察工作;规范化;制度化

高校巡察机构应自觉从党和国家事业大局思考和谋划工作,持续在具体化、精准化、常态化上下功夫,做深做实做细政治监督,加强巡察工作规范化,推动巡察工作监督质效不断提升,更好地发挥以巡促改、以巡促建、以巡促治的作用,推动新时代巡察工作高质量发展。

一、提供有力制度保障,规范强化巡察工作

中国共产党成立之初就高度重视党内巡视巡察监督的制度构建,但囿于战争年代的复杂环境,中央虽为此进行了艰辛探索,但取得的成果有限。新中国成立后很长时间,党较为重视群众监督,党内巡视巡察监督的功能一度被弱化。改革开放之后,中央总结教训,深刻认识到制度建设的重要

作用,“制度好可以使坏人无法任意横行,制度不好可以使好人无法充分做好事,甚至会走向反面”。在这一思想指导下,党内巡视巡察制度化建设受到高度重视,巡视巡察工作逐渐走上一条以制度化促规范化的道路。

各高校党委巡察工作办公室(简称“高校巡察办”)应高度重视制度构建,以制度化促规范化。自觉从党和学校事业大局思考和谋划工作,持续在精准化、具体化、常态化上下功夫,做深、做实、做细政治监督,加强巡察工作规范化、制度化建设,不断增强巡察制度的权威性和独立性,为增强党内监督实效、推动巡察制度长效发展提供体制机制保障,推动巡察工作监督质效不断提升。

二、加强巡察队伍建设,提升巡察工作水平

(一)以人才库建设为核心,优化巡察队伍结构

习近平总书记多次强调,要切实加强队伍建设,打造忠诚可靠的巡视铁军。要坚持选优配强巡视组组长、副组长和巡察组成员。注重从具有巡视巡察工作经历、表现突出的中层干部中选任巡察组组长、副组长及成员。所谓“巡视巡察工作经历”,是指至少参加过一轮市委巡视或学校巡察工作。通过之前几轮巡察工作我们发现,抽调参加过巡视、巡察工作的组长、副组长和成员普遍勇于奉献、干劲十足、业务能力强,能很快融入巡察组工作。高校应制定或完善《巡察人才库建设及管理办法》等此类管理办法,通过各部门选聘,形成巡察组组长人才库、副组长人才库及成员人才库。

巡察工作应坚持“巡察别人首先武装好自己”,把学懂弄通做实党的创新理论作为首要政治任务,做到先学后巡、学巡结合。一是要求巡察干部以更高的标准、更严的要求真学深悟,努力在强化思想理论武装上作示范、当表率。二是把了解巡察对象理论武装情况作为巡察谈话首要内容,要求与被巡察党组织班子成员的谈话由巡察组组长直接谈,首先看学深悟透习近平新时代中国特色社会主义思想做得怎么样,把巡察谈话的过程作

为推动同题共答的过程、与被巡察党组织共同提高思想认识的过程。

(二)以主题教育和教育整顿为契机,加强作风纪律建设

习近平总书记强调,监督别人的人首先自身要正,必须带头发扬自我革命精神,在加强自身建设上走在前、作表率。我们坚持“巡察别人必须从严管好自己”,深入开展学习贯彻习近平新时代中国特色社会主义思想主题教育,认真研究落实教育整顿措施,切实加强作风纪律建设。在巡察过程中,巡察办主任应坚持定期深入巡察组驻地开展组办会商,在为巡察工作把关定向的同时,督促巡察组严格落实组长负责制,从严从实加强对组员的教育管理监督。

高校巡察办应提高政治站位,紧紧跟随派驻纪检监察组开展教育整顿,纯洁思想和组织。首先,教育整顿对象范围做到全覆盖,全员参与、不落一人。明确将巡察办全体干部(含巡察组借调干部)纳入教育整顿范围,借调在外的固定编干部回到学校参加教育整顿。其次,整改内容做到全涵盖,全面检视、全面整改。聚焦政治建设、纪律作风、权力运行、廉洁自律、斗争精神、责任落实六个方面内容,逐条逐项列出风险隐患清单,深入开展检视整改。最后,工作责任做到层层压实,各负其责、严管所辖。明确巡察办主任直接抓、负总责;巡察组组长发挥示范带动作用,认真履行“一岗双责”,认真抓好高校巡察办及巡察组的教育整顿工作。

三、增强机制建设意识,推动巡察工作发展

(一)聚焦协同作战,推进与其他职能部门联动、贯通

高校巡察办要与其他相关职能部门协同作战,一体推进巡察工作建设。为更加有效地发挥巡察政治的优势,高校巡察办应强化协同作战意识,一体推进与派驻纪检监察组、党委组织部、党委办公室、党委宣传部、党委统战部、党委教师工作部、审计处、资产管理处、财务处、网络安全与信息

化办公室、教务处和科研与研究生处等职能部门的贯通融合，增强巡察与其他部门的联系，推进指导思想贯通、巡察责任贯通、组织机构贯通。一是建立健全与高校巡察办其他部门的协作机制。新建、修订与派驻纪检监察组、党委组织部、党委办公室等职能部门的协作机制，完善巡察与组织、宣传、审计、信访等各类监督主体的协调机制，形成有机贯通、有序协调、互为支撑的巡察监督循环。二是创新巡察工作模式，贯通监督融合方式。高校巡察办与其他部门积极探索新的工作贯通方式，汇总各部门工作职责，努力将巡察监督与各部门检查内容相融合，在职能保障、方法互通、成果共享等方面贯通融合，实现“1+1>2”的效果，切实推动巡察工作高质量发展。

（二）聚焦巡察流程，保障巡察成果效能化、品质化

推动巡察工作规范化建设的关键是明确巡察工作各个环节流程。高校巡察办应结合《市属高校巡察工作操作指南》和指导督导组的指导要求，按照巡察准备、巡察了解、巡察报告、巡察反馈、巡察移交、巡察整改、立卷归档七个环节重新梳理巡察工作流程，细化并进一步明确巡察办和巡察组在巡察工作开展过程中的责任，规范巡察报告的撰写格式，明确巡察工作各时间环节、工作节点、规定动作和自选动作等要求，有效提升巡察工作的水准。

（三）聚焦监督职责，推动巡察整改成果实效化、共享化

巡察整改成果应实现高校内部共用共享。巡察整改环节是践行“两个维护”的有效行动，是检验“四个意识”的一面明镜，为推动高校巡察整改工作取得实效，相关职能部门明确责任分工，强化监督职责，派驻纪检监察组发挥好统筹协调作用，巡察办、组织部等部门担起整改日常监督责任。高校派驻纪检监察组根据整改日常监督部门在实际工作中的监督时限、监督方式、监督重点等情况，梳理从巡察反馈到整改结束之间的整改监督流程，严格按要求和流程推进工作，提升整改日常监督实效。

巡察工作规范化是巡察工作高质量发展的重要保障，高校巡察办应通

过扎实推进规范化、制度化建设,增强巡察干部的综合能力、党性修养,为巡察工作高质量发展提供重要保障。

参考文献

[1]程圆圆.制度建设的人本价值取向[J].山西青年职业学院学报,2016,29(3):47-50.

[2]习近平总书记关于推动巡视工作向纵深发展重要论述摘录[J].中国纪检监察,2017(14):4-5.

[3]陆建洪,刘峰.中国共产党巡视制度的由来与发展[J].苏州大学学报(哲学社会科学版),2010(5).

[4]唐勤.关于完善党内巡视制度的若干思考[J].中州学刊,2014(1).

[5]周瑞玲.程序法视角下的巡视制度建设——关于加强和改进巡视工作的思考[J].中共山西省委党校学报,2013(3):96-99.

[6]谭鹏.论专项巡视的必要性和运行机理[J].中国井冈山干部学院学报,2015(3):107-112.

[7]周淑真.从巡视制度发展看权力监督创新[J].中国监察,2014(8):44-45.

高校巡察干部队伍建设:困境与路径

天津体育学院

刘崇磊

摘　要:高校巡察干部队伍建设是新时代高校巡察工作高质量发展的基础性工作,本文以当前高校对于巡察干部的管理机制问题和队伍自身存在的不足为导向,聚焦巡察干部队伍建设中的“引领、选育、使用、管理”四个环节,提出不断完善布局结构、纯洁净化理想信念、有效提升能力才干、确保实现才尽其用、充分激发内生动力的改进路径,为建成一支忠诚干净担当、敢于善于斗争的巡察干部队伍明确了相关对策。

关键词:巡察;高校;干部队伍

习近平总书记在党的二十大报告中强调,全面建设社会主义现代化国家,必须有一支政治过硬、适应新时代要求、具备领导现代化建设能力的干部队伍[1],干部队伍是保障事业高质量发展的先决条件之一。高校的政治使命是“为党育人、为国育才”,在百年未有之大变局,高校肩负着培养一批又一批德智体美劳全面发展的社会主义建设者和接班人的重要任务,而巡察工作为此任务的完成提供了坚强的政治保障。做好巡察工作离不开高校各级领导的齐抓共管、离不开师生的支持,而诸多影响因素中最为关键的,是打造一支忠诚干净担当、敢于善于斗争的巡察铁军,如何锻造使这支队伍、发挥其应有作用,成为巡察理论研究视野中较为急迫的课题,也是高校贯彻落实党的二十大精神、推进全面从严治党向纵深发展的必然要求。

一、高校巡察干部队伍建设面临的困境

(一)巡察干部数量有效供给不足

一是党委巡察人才库人员更新速度慢,随着干部在校内的“进退留转”,如果巡察人才库动态更新不及时,势必造成巡察干部的储备基数不够、结构不合理。二是对党委巡察人才库的入库人员调配不周、把关不严,使得一些因学校需要(如异地挂职)、个人原因(如怀孕)等短期内无法调用的巡察干部进入人才库,成为“有名无实”者,一定程度上影响了高校巡察组的建组工作。三是有的高校对于党委巡察工作办公室的编制员额少,或长期处于缺编状态。

(二)教育培训不系统

有的高校对巡察干部培养工作不重视,表现为对巡察干部的教育培训没有规划或规划不系统,缺乏刚性目标,培训安排系统性不强,形成时紧时松的状态。有的高校有实用主义倾向,重使用、轻培养,导致巡察干部出现“本领恐慌”。有的二级单位(部门)本位主义较重,不愿意让本单位(部门)干部进入学校巡察组或借调到上级单位,让一些干部失去了在巡察工作一线施展才华、锻炼成长的机会。

(三)评价机制不完善

高校对于巡察干部缺少有效的激励机制,缺少对巡察干部在巡察工作中的政治表现、组织纪律、工作实绩等进行全面评估,巡察工作结束后的考核评价结果等没有充分运用到组织人事部门选人用人、评先评优体系中,没有充分调动巡察干部工作的主动性、积极性。

(四)基层磨砺少,缺乏"实战"经验

巡察干部中绝大部分是从一个"象牙塔"进入另一个"象牙塔",相对缺乏艰苦环境中的历练和复杂斗争中的考验,在处理巡察复杂问题有时会显得力不从心、"手忙脚乱"。

(五)"后顾之忧"纷至沓来

巡察干部中有提升学历、职称晋升、婚恋、子女入学等困扰,生活压力大、困扰多,使得巡察干部很难全身心投入巡察工作。

二、提升高校巡察干部队伍建设水平的路径

针对上述问题,必须坚持以习近平新时代中国特色社会主义思想为引领,对巡察干部队伍建设进行顶层设计,在"引领、选育、使用、管理"四个关键环节打好巡察干部培养"组合拳",努力建成一支忠诚干净担当、敢于善于斗争的巡察干部队伍,为高校巡察工作高质量发展提供人才支撑。

(一)做好顶层设计,不断完善巡察干部布局结构

一是学校党委要始终把锻造培养"打铁的人"摆在突出位置,将研究巡察干部队伍建设工作作为专门议题,制定关于加强高校巡察干部队伍建设的指导性意见,厘清现状,分析问题及成因,拿出具体改进举措。二是建好党委巡察人才库,制定严格的干部队伍入库标准,确保库内人员充足、质量过硬。同时,将更新党委巡察人才库作为每年的"必修课",由巡察工作办公室会同组织、人事部门集体研判,对长期不能入组的干部及时进行更替。三是加强对巡察干部队伍的调研,对巡察干部进行常态化分析,找准问题症结并加以解决。四是合理配置巡察工作办公室职数,按照合理配置、保证质量的原则,选优配齐队伍。

(二)聚焦思想引领,纯洁净化巡察干部理想信念

1. 锤炼忠诚本色,积极担当作为

要持续用习近平新时代中国特色社会主义思想武装巡察干部头脑,引导巡察干部认清巡察工作是党的自我革命的应然之举,牢记立德树人初心,加强党性锻炼的自觉性、主动性,强化对习近平总书记关于巡视巡察重要论述的学习,始终忠诚于党和党的教育事业。同时,要引导巡察干部认清付出与收获是成正比的,要让巡察干部既要看到巡察工作是苦活累活、"得罪人"的活,又要明白巡察工作是锻炼人才的"熔炉",去主动提升自我价值、担当实干。

2. 提升党建质效,争作先锋模范

党的领导是中国特色社会主义最本质的特征,是中国特色社会主义的最大优势,而巡察干部都应是共产党员,这成为发挥基层党组织战斗堡垒作用的一个有利因素。要充分发挥巡察机构党支部的应有作用,充分发挥基层党组织的政治领导力、思想引领力及团队组织力,提升凝聚力、吸引力,让巡察干部以党员标准严格要求自己,树立全心全意为人民服务的思想,铸牢无私奉献意识和爱岗敬业精神,涵养职业道德操守,做到对党的事业负责、对学校巡察工作负责。

(三)聚焦选配培育,有效提升巡察干部能力才干

1. 拓宽选配渠道,做好人才储备

一是建构来源广泛的巡察干部选配机制。通过单位(部门)推荐、政治审查,组织考察、多方了解等方式,甄选一批政治素质好、工作能力强、熟悉业务的优秀巡察干部,让巡察干部"蓄水池"实现"水满""水质好"。二是注重突出实绩的用人导向,以"赛场选马"方式,在日常工作中采取近距离接触、全方位了解巡察干部的真实状态,重实绩、比贡献、看才能,实现"人岗相适"。三是加大典型选树和宣传力度,利用高校网站、微博、微信

公众号等多种途径,树立巡察干部优秀典型,营造全校上下重视巡察干部队伍建设的浓厚氛围。

2. 强化精准培训,练好巡察"内功"

要实施匹配性强的巡察业务能力教育培训,促进巡察干部不断更新巡察理念、完善巡察业务知识结构,以学赋能成为巡察的"行家里手"。一是在培训前进行调研,了解巡察干部在业务领域的短板和实际需求,量身定制培训计划,避免重复和无效培训。二是每次开展培训前和结束时,可以进行统一的巡察能力检验,让高校巡察干部加强对自身的了解和剖析,明确自身进步的方向,也为高校今后的业务培训提供思路和方向。三是让高校巡察干部养成良好的自我学习习惯,用碎片化的日常时间广泛涉猎巡察专业知识。四是重视外出学习培训的形式,"走出去"见世面、学本领、长经验。五是以派驻纪检监察组内部锻炼、上级纪委和巡察办挂职锻炼等方式"以干代训",在巡察组中可指定经验丰富的老同志与年轻干部进行优化组合,开展"传帮带"工作,让干部在实践中解答"巡什么、怎么巡"的问题。可设置常任巡察员,将优秀巡察干部留任后续的巡察任务,便于对新组员"传帮带",有利于工作经验和良好作风的衔接和传承[2]。

(四)聚焦顶岗使用,确保实现巡察干部才尽其用

1. 树牢全局思维,发挥优势特长

对有潜力、有发展前途的巡察干部,要多给他们压担子、派任务,让入组的巡察干部"身在兵位,胸为帅谋",树立大局观、系统观,查找巡察工作方案、谈话方案、被巡党组织问题清单等材料中的不足,自觉把每一项具体工作都做到大处着眼、全局思考。同时,合理安排巡察机构工作分工,让每一位巡察干部在自己擅长的工作领域多出力,实现优势互补、形成合力。

2. 明确工作标准,给足工作空间

要向巡察干部明确履行巡察职责的标准、要求,让其将自己的全部精力投入巡察工作中,着力提升精准发现问题、个别谈话、文稿写作等能力。

同时,应大胆放手让巡察干部快速进入巡察角色,让其独立处理问题,提高独当一面的工作能力。同时,还要积极鼓励巡察干部在巡察工作中坚持守正创新,于变中求新、变中求进、变中突破,在巡察的细微之处用“巧劲”,以一流的创新力推动巡察工作高质量发展。

(五)聚焦过程管理,充分激发巡察干部内生动力

1. 将“严管厚爱”贯穿管理始终

一是加强巡察干部的纪律建设,守住政治关、交往关、生活关、亲情关,对巡察干部存在的倾向性、苗头性问题,及时教育督促,“刀刃向内”不手软。二是完善内控机制,完善对巡察干部队伍的日常监督,全面列出风险隐患点,紧盯重点环节,守住底线,把风险隐患扼于萌芽。三是加强思想沟通和情感交流,通过日常观察、谈心交心、思想汇报、侧面了解等形式,了解掌握巡察干部的“后顾之忧”,倾听干部心声,关爱心理健康,将解决思想问题和现实问题相结合,从而激发主观能动性。四是以“三个区分开来”作为根本遵循,建立容错清单,为敢于担当、踏实做事、不谋私利的巡察干部撑腰鼓劲。

2. 优化考核机制,打通“上升通道”

要逐步完善巡察干部考核评价机制。一是细化考核标准,既注重平时表现,也要看亮点业绩,既要以每次巡察工作找出问题的“量”为依据,又要对整改质量和成果运用情况进行考核,使对巡察干部的考核评价工作有据可查、有分可赋。二是实施多样化考核评价形式,通过日常考核、年度考核、组长鉴定、小组互评等,建立巡察干部的“成长档案袋”,及时汇总巡察工作实绩,考核评价结果为组织人事部门所使用的,激励先进形成“一池活水”。

三、结语

高校巡察干部队伍建设工作关乎一所高校的政治生态和育人生态的

清朗。立足新时代,必须始终以习近平新时代中国特色社会主义思想培根铸魂,做好顶层设计,在巡察干部队伍建设“引领、选育、使用、管理”四个环节上一体发力,通过思想思维强化、业务能力提升和制度机制改革,引导这支队伍始终牢记“巡察初心”、胸怀“国之大者”,坚守政治巡察职能定位,强化政治监督,不断推进巡察工作的高质量发展,办好人民满意的高等教育。

参考文献

[1]习近平. 高举中国特色社会主义伟大旗帜,为全面建设社会主义现代化国家而团结奋斗——在中国共产党第二十次全国代表大会上的报告[M]. 北京:人民出版社,2022.

[2]杨娜. 关于加强高校高素质巡察干部队伍建设的若干思考[J]. 北京教育(高教版). 2021(10).

构建高校巡察指标体系的探析

天津体育学院

曲菁

摘　要:党的二十大报告深刻总结了新时代全面从严治党取得的历史性成就,提出两个“永远在路上”的重大判断。在此背景下,作为党内监督体系的重要一环,巡视巡察监督体系建设的重要意义不言而喻。当前,巡察监督体系在制度设计、内容体系、方法策略等维度的建设上还存在诸多问题急需解决。因此,建立在巡察监督重点基础上的巡察监督指标体系的构建显现出必要性。本文将从监督指标体系的概念、内涵、必要性及初步构想入手,探索构建高校校巡察监督指标体系的可能性。

关键词:全面从严治党;高校巡察;监督指标体系

党的二十大报告指出:“全面从严治党永远在路上,党的自我革命永远在路上。”[1]这是党的二十大上对新时代全面从严治党作出的最新判断,也是管党治党建设党的长期指导原则。在此背景下,作为党和国家监督制度“四梁八柱”之一的巡视监督体系建设显得尤为重要。作为巡视监督向基层的延伸,加强对巡察监督体系的建设是高校党内监督体系建设的必然要求,从概念及内涵、必要性及初步构想三个维度开展探究,是丰富巡察监督的内涵和外延,提高巡察工作规范化水平建设的题中应有之义。

一、高校巡察监督指标体系的概念及内涵

(一)高校巡察监督指标体系的概念

高校巡察监督指标体系,是在高校巡察监督重点的基础上,设立的分级观测指标体系,通过自上而下的分级递进方式,层层“解剖”被巡察单位的问题,以此形成规范有效的观测体系,帮助高校巡察组提高巡察工作质量和发现问题的效果。

(二)全面从严治党背景下的高校巡察监督指标体系的内涵

巡察是全面从严治党监督体系中的重要一环,以全面从严治党内涵为蓝本,可将高校巡察监督指标体系内涵进行对照阐释,以更直观的方式进行理解。

1. 高校巡察监督指标体系的内涵“核心是强化党委政治功能”

《中国共产党普通高等学校基层组织工作条例》规定:“高校二级单位级单位党组织应当强化政治功能,履行政治责任,保证教学科研管理等各项任务完成。宣传和执行党的路线方针政策以及上级党组织的决议并为其贯彻落实发挥保证监督作用。”由此可见,建设监督指标体系的首要内涵就是突出二级单位党组织的政治把关和党建引领作用,凸显政治功能作用的发挥,以此引领教学、科研、人才培养、教师队伍建设等各项工作的开展。

2. 高校巡察监督指标体系的内涵“基础是全面”

高校巡察是“政治体检”,但不只是政治上的“检查”。要透过业务看政治,透过现象看本质。因此,巡察监督指标体系的建立要以高校二级单位教学党组织的政治建设为统领,把政治标准和政治要求贯穿党的思想建

设、组织建设、作风建设、纪律建设、制度建设以及反腐败斗争的始终。巡察监督指标体系的建立是一个全面体现高校二级单位教学党组织职能责任履行的过程。

3. 高校巡察监督指标体系的内涵"关键在严"

建立高校巡察监督指标体系,要严字当头,要把严的要求贯穿对二级单位党组织开展政治监督的全过程,这是新形势下做好高校全面从严治党工作的关键。作为推进全面从严治党向纵深发展的重要举措,要充分发挥巡察监督的政治"显微镜""探照灯"作用,这就要求在明确巡察监督指标体系的内容时,要重点突出全面从严治党的阶段性特征,重点体现对"关键少数"廉洁用权、修身律己的要求。

二、建立高校巡察监督指标体系的必要性

高校巡察监督指标体系绝不是"空中楼阁",也不是"雾里看花",而是高校巡察监督体系建设的重要一环,更是促进高校巡察内涵式高质量发展的应然之举。

(一)建立高校巡察监督指标体系是完善高校党委监督体系的必然要求

高校承担着为党育人、为国育才的历史使命。当前,高校全面从严治党工作任重而道远。高校的党内监督面临不少新的挑战。而巡察监督体系在制度设计、内容体系、方法策略等维度的建设上还存在诸多问题急需解决。因此,开展对高校巡察监督指标体系的探索是巡察监督体系建设的重要一步,也是今后构建完备的高校监督体系、增强党内监督质效的关键一环。

（二）建立高校巡察监督指标体系是加强巡察规范化建设的必然要求

高校巡察时间紧、任务重，有其人员构成、监督重点的特殊性。从人员情况看，高校巡察组的构成以借调人员为主，其中不乏初次参加巡察的“新兵”，想在短时间内解决“从头开始”的问题，这对巡察组培训工作提出了要求。巡察人员的工作履历、教育背景、专业基础、工作能力水平等存在一定差异，也在一定程度上影响了巡察工作的规范化和统一性。[2]对此，要想快速突破这些问题，构建一套内容完备、适用范围广、“直接就能用”的巡察监督指标体系显得尤为重要。同时，各高校人才培养特色明显，下属各二级单位的职能不一，要快速深入理解被巡察单位的情况需要一本“宝典”，能够涵盖目前被巡察单位的大部分工作，帮助巡察组统一标准、统一要求，提高巡察规范化水平。

（三）建立高校巡察监督指标体系是促进巡察高质量发展的必然要求

实现高校巡察内涵式高质量发展，首先要从内容体系上入手。目前各高校的巡察监督重点存在一些问题，如范围较宽泛，特色不突出；内容跟踪更新不及时，理论前沿性较低；对巡察理念和内涵认识不足，甚至存在多轮巡察照搬一套监督重点的问题，一定程度上影响了巡察监督的效果。对此，从内容体系上进行深入细致的研究成为破除限制巡察高质量发展“藩篱”的首要任务，要贴合当前我国高等教育发展的要求和现状，结合高校自身的发展目标及各被巡察单位承担的职能责任，进行全方位、立体式探索，不断以新的理论指导新的实践，促进新时代高校巡察工作的高质量发展。

三、建立高校巡察监督指标体系的初步构想

2019年习近平总书记对市县巡察监督重点提出了“三个聚焦”。当前,巡察指标体系的构建应在“三个聚焦”总框架下,按照三项原则要求,构建分级指标,处理好指标间的关系,设置好用、务实、又能体现高校自身特色的巡察指标体系。

(一)遵循“三”大原则

1. 紧盯对习近平新时代中国特色社会主义思想的学习贯彻情况

要以习近平新时代中国特色社会主义思想引领新时代高校巡察监督工作的开展,牢牢把握巡察监督“两个维护”的根本政治任务,在建立巡察监督指标体系过程中贯穿习近平新时代中国特色社会主义思想的要求,保证巡察监督重点站位不低、方向不偏、焦点不散。

2. 紧盯对党中央和国家对高等教育最新要求的贯彻落实情况

习近平总书记对教育工作的重要指示批示精神和党中央、国家对本领域的要求是构建巡察监督指标体系的重要依据。同时,要深入研究高等教育规律和发展趋势,分析《中国教育现代化2035》和《深化新时代教育改革评价方案》等重要文件中对高等教育提出的新要求,结合高校自身职能定位及发展目标,细化“十四五”时期建设高质量教育体系及服务地区经济、政治、文化发展的任务指标,全方位展示在高校巡察监督指标体系中。

3. 紧盯高校自身发展定位和二级单位党组织的职能责任履行情况

高校自身发展定位决定了各高校巡察监督指标体系的特色,在这个过程中,既要体现高校自身发展特色,也要体现二级单位党组织在这其中扮演的重要角色。校内巡察是学校党委对基层党组织履行党的领导职能责任的政治监督,对此,在构建巡察监督指标体系的过程中,既要立足当下,

又要放眼长远,既要体现共性,更要突出个性。通过巡察监督指标体系的建设,全面、直观地体现高校党委对二级单位党组织在履行职能责任方面的要求。

(二)构建“三”级指标

按照高校巡察的根本任务和“三”大原则,构建科学的校内巡察指标体系需要以“三”级指标体系为依托,建立起动态调整机制。

1. 一级指标设置

一级指标是巡察监督指标体系的“排头兵”。建议将一级指标设定要对标巡察“四个紧盯”的路径、“三个聚焦”的重点,再加上对巡察等各类检查整改的再监督,体现“回头看”的要求。

2. 二级指标设置

二级指标是对一级指标的细化,承担着承前启后的功能,建议对标对表习近平新时代中国特色社会主义思想和习近平总书记重要讲话及重要指示批示精神以及党的十九大、党的二十大以来党的历次全会精神要求、国家对教育和本领域的重要文件精神要求、各上级部门的要求等,充分体现高校的自身特点。除以上共性指标外,考虑加入个性化指标,比如设置关于服务区域经济社会发展、履行职能责任情况等突出特点的指标,为三级指标体系的构建搭建平台。

3. 三级指标设置

要在三级指标中明确对二级单位党组织教学、科研等各项工作的全面要求,如思政理论课改革创新和课程思政建设情况、服务师生情况、师德师风建设情况等。同时,建议配合三级指标,建立相应的观测路径,如配合三级指标中课程思政建设情况,看被巡察单位课程思政获奖情况、看课程思政组织和推动情况;配合师德师风建设情况,看被巡察单位师德师风制度建设情况、开展相应活动情况等。三级指标既有共性的监测点,又必须注意突出特殊性,体现被巡察单位的个性特点,观测路径的建立要科学、实用,成为自下而上发现问题的有效抓手。

(三)处理"三"种关系

1. 处理好"共性"与"个性"的关系

在构建巡察监督指标体系的过程中,首先要明确共性指标和个性指标的关系。共性指标是对二级单位党组织所承担的高等教育基础性工作的集中反映,包括但不限于贯彻落实上级决策部署情况、立德树人成效、全面从严治党主体责任履行情况及基层党建情况。个性指标是对被巡察党组织的职能特色的概括,对于被巡察党组织所承担的独立性工作进行深入剖析和展示,比如二级教学单位和教辅单位二者明显的区分特征,能够帮助巡察组迅速了解被巡察党组织的特色工作和亮点。总而言之,共性指标数量是多于个性指标的,但是在这个过程中,不能出现非此即彼、注重整体而忽视部分的问题,既要体现巡察的"全面性",又要体现被巡察党组织的"独特性"。

2. 处理好"当下"与"长远"的关系

对于巡察监督指标体系的构建,首先要着眼当下,及时更新上级决策部署,吸收高等教育理论和发展趋势研究成果,提高巡察监督指标体系的前沿性。与此同时,要注意处理"当下"与"长远"的关系,对于当下确定性的指标,要保留并持续发力,对于近期或远期可预见的工作,也要将其纳入巡察监督的个性指标中,比如对于一流本科专业的建设情况的指标设立,要将其验收准备工作作为近期可预见的任务纳入监测范围。

3. 处理好"变"与"不变"的关系

巡察监督指标体系要考虑设立动态调整机制,一方面对于固定不变的共性指标,是长期稳定开展监测的"靶子",对于高校大部分下属二级单位都是适用的,比如贯彻落实上级决策部署情况、意识形态工作责任制执行情况、党风廉政建设情况、基层党建情况等;另一方面,要确定一部分"可变量",从被巡察党组织的实际工作和职能定位出发,在第二、三级指标和观测路径中予以调整。同时,随着巡察正式进驻,深入了解情况后,可以对其中个别指标保留调整的空间,对于通过了解不适用于被巡察党组织工作的,巡察组可以及时予以调整,保证巡察监督指标体系动态稳定且科学有效。

参考文献

[1]习近平.高举中国特色社会主义伟大旗帜为全面建设社会主义现代化国家而团结奋斗——在中国共产党第二十次全国代表大会上的报告[J].前进,2022(10):4-26.

[2]刘丽波.高职院校校内巡察指标体系构建的实践探索[J].北京经济管理职业学院学报,2021,36(1):3-8.

高校巡察组组建存在的问题及对策研究

天津体育学院

李潇涵

摘　要：素质过硬、能力精湛、本领高强的巡察铁军是打通全面从严治党"最后一公里"命脉不可或缺的有效途径，也是深入推进一届任期内巡察全覆盖任务的根本保障。目前巡察队伍组建中"硬抽人、抽硬人"的机制和目标仍难以完全落实，为解决这一困境，本文从巡察人才库组建、教育培训管理、部门协作配合和舆论宣传等方面提出了对策。

关键词：高校巡察；巡察队伍建设；巡察组

一、充分认识打造高校巡察铁军的重要意义

（一）推进高校全面从严治党"最后一公里"，深化政治巡察的有效途径

习近平总书记在党的二十大报告中指出"发挥政治巡视利剑作用"，"落实全面从严治党政治责任"。巡察是党内监督的制度性安排，是全面从严治党向基层延伸的重大举措。巡察作为巡视向高校的延伸和拓展，要坚持政治巡察定位，以政治建设统领巡察工作，把握高校全面从严治党的阶段性特征，层层传导管党治党责任压力，把严的主基调长期坚持下去。

巡察的政治性决定了巡察干部的高政治站位、高政治素质、高业务水平要求，只有打造一批素质过硬、能力精湛、本领高强的巡察铁军，才能准确把握巡察这一政治监督的有效方式，深入发现和纠正政治偏差，这是落实全面从严治党主体责任的必然要求，也是打通全面从严治党"最后一公里"命脉不可或缺的有效途径。

（二）高质量、高标准完成一届任期内巡察全覆盖任务的根本保障

在一届任期内实现巡视全覆盖是党章赋予的政治任务和政治要求。根据党中央、市委关于巡视巡察工作规划的要求，高校党委结合学校特色规范、合理、科学规划一届任期内巡察工作，明确 5 年内巡察工作指导思想、基本原则、目标任务、工作重点等内容。巡察全覆盖的时间紧迫、任务艰巨，二级单位培养目标、专业特色、学科建设等各不相同，因此，要实现为二级单位党组织找准病灶、精准施治的目标，组建一支匹配被巡察单位特色的巡察队伍是实现高质量、高标准巡察工作的关键一环，也是深入推进一届任期内巡察全覆盖任务的根本保障。

（三）精准发现问题、提升巡察质效的有力抓手

巡察能否准确发现问题，激活这条生命线，取决于巡察队伍建设的整体质量[1]。巡察干部是高校推进全面从严治党的重要力量，是提升巡察质效的有力抓手，巡察队伍要以习近平新时代中国特色社会主义思想为根本遵循，围绕高校中心工作谋划推进巡察工作，对照巡察监督重点，找准政治巡察的切入点、着力点和发力点，紧扣职能责任开展监督，把握好政治和业务的关系，精准发现问题、精准研判问题、精准反馈问题，确保政治监督精准化、具体化。

二、高校巡察组组建存在的问题

(一)“硬抽人”的机制推进受阻碍

1. 被抽调干部所在单位“不愿派”。

按照巡察工作制度的相关要求和巡察实际情况,每轮巡察工作会在巡察人才库内抽调一定比例的干部进入巡察组开展工作。进入巡察人才库的干部是所在单位党性修养过硬、政治素养较高的从事巡视巡察、审计财税、组织人事等工作的优秀人员,一人承担多项职责,在原单位岗位中发挥着重要的作用。根据每轮巡察对象实际情况,巡察组组建后,原则上抽调干部需全脱产入组工作至少 20 天,这意味着抽调干部在原单位的工作有了缺口,需由其他人员承担额外工作,对本单位工作推进造成一定负担,综合考量后,原工作单位“不愿派”成为抽调常态。

2. 被抽调干部“不想来”。

一是对巡察工作不了解,对能否胜任巡察工作存在担忧。巡察人才库内人员很多属于巡察“小白”,对巡察工作的基础认识不足、业务水平不高,存在本领恐慌的心理。二是巡察工作时间紧,任务重,压力大,集中进驻期间无法做到全脱产投入巡察工作,额外增加了工作量。三是缺乏激励机制,对职称评定、选拔提任、评奖评优等作用不大,无法为抽调干部带来个人利益。

3. 抽调干部“不能来”。

每轮抽调巡察干部都要充分考虑被巡察单位党组织的特点,抽调专业能力吻合、职责领域契合、综合管理能力和业务水平较高的巡察干部,结合相关人员原工作单位、年龄、职务职责、工作能力、擅长领域及相关巡察制度要求,巡察库内人员可选范围缩小,导致大部分库内人员无法参与巡察工作。在可选范围内抽调干部的同时也会因干部家庭、个人身体、外出工作或学习等因素无法入组，这也为抽调干部参与巡察工作带来了一定难度。

（二）“抽硬人”的目标落实有差距

1. 政治巡察定位和大局把控能力有所欠缺。

巡察人才库的人员具有一定的流动性，需随时根据各二级单位（部门）的提任、退休、调离等情况进行调整。将新提任且符合巡察人才库入库条件的领导干部纳入库内，原则上需参与一轮巡察工作。新提任的领导干部有的是从教师岗位提任领导干部，关注科研、学科发展、学生教学任务等具体性、专业性工作较多，与政治建设相关工作接触较少；有的是从行政工作转为党建工作，对党建工作处于转换适应阶段，这就导致组长或副组长在巡察过程中对政治巡察的定位不准，把握巡察政治方向的大局观念需要进一步提高。

2. 政策理论知识和专业能力水平参差不齐。

巡察人才库内人员年龄、专业、职务、工作经验、知识结构和知识储备等各有不同。有的干部工作资历丰富，熟悉学校及二级单位相关制度要求，对学校各二级单位的情况较为了解，发现问题精准，能够提供更多巡察思路和巡察手段。有的干部年纪轻、工作资历浅，对学校及二级单位的相关部署要求不了解，缺少工作经验，需要入组后边学边干，没有形成自己的工作思路和节奏，发现问题能力不强[2]，不能为撰写巡察报告提供高质量的一手支撑资料。

3. 掌握巡察政策和专业知识有差距，适应能力有待提高。

巡察工作具有一定的专业性、程序性和规范性。对于初次接触巡察工作的成员来说，准确把握政治巡察的基本概念、根本任务、基本原则、监督重点和监督路径等是成为巡察干部的第一道关卡。在集中进驻时间内要完成个别谈话、发现问题、制作底稿、撰写报告等，大量的巡察任务对巡察干部具有一定的挑战性，有的干部能够逐渐掌握巡察规律，有的干部在集中进驻结束后仍无法入门,对巡察的理解仍处于业务检查阶段。

三、高校巡察组组建难的原因分析

1. 政治站位有待提高,对政治巡察理解有偏差

巡察干部及干部所在原单位(部门)对政治巡察的基本内涵不了解,对校内巡察工作不够重视,认为政治巡察就是业务检查工作,就是在"挑刺找茬",未能切实理解政治巡察的核心要义,对巡察的权威性、严肃性和有效性存在质疑,这种思想认识偏差是当前高等教育中普遍存在的主要问题[3]。

2. 巡察干部教育培训少,宣传不够广泛

一是针对巡察人才库的教育培训频次较低,方式较为单一,培训内容不精不专,谈概念内涵多,讲技巧方法少,导致巡察工作开展过程中上手困难。二是对巡察人才库人员日常管理少,人才库仅在开展巡察工作时发挥抽调干部的作用,人才库动态维护和日常管理不足。三是对关于巡视巡察重要论述、优秀经验做法及校内巡察动态等宣传不广泛,巡察网站、微信公众号等宣传阵地推广范围窄,巡察人才库人员对网站关注程度低,网络宣传阵地发挥作用不充分。

3. 缺乏巡察干部激励机制

针对巡察组成员的考核未形成统一标准,多数做法是集中进驻结束后对巡察组成员进行赋分,向原单位出具一份个人工作鉴定,但巡察工作鉴定与组织人事考核评价体系脱钩,没有将工作鉴定作为巡察干部提职晋升、评奖评优、职称评定的重要参考。巡察工作缺乏奖励激励机制,造成了巡察干部积极性降低,工作中存在懈怠情绪,导致巡察干部的使命感、责任感降低,巡察利剑作用得不到充分发挥。

四、高校巡察组的组建对策

(一)严把巡察人才“入口关”,有效整合巡察人才

加强巡察人才库动态管理机制,做好日常人员更新调整工作,坚持从优选人的原则,综合考虑政治素质、年龄结构、业务专长、师德师风等方面考察调整巡察人才库,将党性强、本领高、纪律严、有担当的高素质、多领域的精尖人才纳入巡察人才库,为高质量开展巡察工作提供干部储备。针对每轮巡察实际,按照专兼职结合、业务专长配合的模式配备巡察组队伍,有效整合巡察人才,打造一支政治合格、业务精通、素质过硬的巡察尖兵队伍。

(二)加强部门贯通协作,完善“硬抽人”机制

巡察工作是在校党委统一领导下开展的政治监督,校党委巡察工作领导小组要做好巡察队伍建设,推动建立完善新提任干部、优秀年轻干部到巡察岗位锻炼制度,切实把巡察岗位作为发现、培养、锻炼干部的重要平台。根据一届任期内巡察全覆盖任务规划,结合二级单位实际情况,由组织部提出巡察组组长、副组长建议人选,巡察办提出巡察组其他成员建议名单,做好每轮巡察人员抽调计划,对巡察人才库人员进行“排兵布阵”,做到抽调人员数量明确、专长有侧重、巡察监督重点突出,努力将巡察组人员的个人能力和业务专长发挥到最大化。经巡察工作领导小组审议、学校党委常委会审定巡察组人员后及时根据干部管理权限由相关部门履行借调手续,确保巡察人员选配的权威性和严肃性。

(三)强化巡察队伍教育培训,提升巡察干部自身建设

制定巡察队伍建设教育培训规划,明确教育培训目标、效果、频次、方式等,坚持以“自学+集中学+实践学”的形式提升巡察理论知识储备和履

职能力。选派人员参与市委、市教育工委组织的专题培训班,学习领会巡察最新理念、最新要求。科学规范开展组内集中培训,设置具有专业性强、针对性强、实操性强的培训课程,邀请党建、纪检、财务审计、学术科研、意识形态等领域的专业人员因材施教、分类授课。建立“传帮带”机制,邀请有巡视巡察经验人员传授巡察技巧,快速掌握精准发现问题要领,确保政治巡察焦点不散,政治站位不偏。与兄弟院校开展经验交流座谈会,汲取优秀经验做法,拓宽巡察工作思路,共同探讨巡察难点、疑点问题。通过“以干代训”“上挂下派”“跟班学习”等形式,强化实战练兵,提高巡察干部政治能力和监督本领。

(四)健全相关配套机制,提高巡察干部归属感和责任感

坚持严管与厚爱相结合、激励和约束相并重,建立健全考核评价等激励机制,实现巡察干部“能进能出”动态化管理,以更加有力的激励措施解决巡察干部的后顾之忧。根据每轮巡察干部集中进驻期间的表现评定等次,进行表彰,进一步激发巡察干部干事创业的积极性,提高巡察干部的归属感和责任感,与组织人事部门协作配合,将巡察工作表现作为提拔重用、晋升职级、考核评优、表彰奖励的重要参考依据。

(五)充分利用新媒体平台,发挥巡察阵地宣传作用

要充分运用新媒体平台开展巡察教育宣传工作,扩大巡察工作宣传范围,加强巡察工作的影响力,广泛接受师生监督。将宣传工作融入巡察各个环节,牢牢把握巡察动员部署会、进驻会、培训会、反馈会、整改通报会等宣传机会,传达习近平总书记关于巡视工作的重要讲话精神和市委的重要部署要求,切实领悟校党委对巡察工作的战略安排,发布巡察公告,进行整改通报。通过座谈会、印制手册、微课视频等方式,与宣传部、团委、学工部等部门形成宣传合力[4],进一步推进巡察宣传工作走深走实。

参考文献

[1]李月亮.新形势下加强巡察干部队伍建设的几点思考[J].世纪桥,2019(4):50-51.

[2]马嘉琛.D区巡察组组建现状及优化对策研究[D].宁夏大学,2022.

[3]高孟洁.高校巡察队伍专业化发展现状及其策略研究[J].世纪桥,2023(2):79-81.

[4]吕思思,康瑛,牛东.新媒体视域下提升高校巡察舆论宣传思想政治工作路径探析[J].科教文汇,2020(17):37-38.

高校巡察监督与其他监督贯通融合的路径探析

天津美术学院

李斐

摘　要：高校党委巡察工作要强化“一盘棋”思想，树立大监督理念，将贯通融合体现在巡察工作各环节，做到信息共享、资源共享、监督成果共享，优势互补、同向发力，达到系统集成、协同高效的目的。高校要围绕“筑牢思想基础、强化责任落实、完善制度机制、共享巡察成果、加强组织保障”五个核心要素，构建高校监督全覆盖体系，促进巡察监督与各类监督同向发力，进一步发挥巡察的系统作用和组织优势，不断完善高校治理体系、提升治理能力。

关键词：高校；巡察监督；贯通融合

习近平总书记强调，要把巡视与纪检监察、组织、审计等监督贯通起来，立体聚焦、形成合力，打通党内监督和国家监督的贯通渠道，推动形成系统集成、协同高效的中国特色监督体系。[1]高校要主动适应新时代巡察工作新要求，聚焦职责定位，围绕“筑牢思想基础、强化责任落实、完善制度机制、共享巡察成果、加强组织保障”五个核心要素，积极探索巡察监督与其他监督形式贯通融合、协调协同有效路径，推动巡察监督与各类监督发挥各自职能优势，形成同题共答、常态长效的监督合力，推动信息、资源、力量与监督成果共享共用，共同促进学校事业发展。

一、夯实贯通融合思想根基，加强“同题共答”协作意识

学校党委通过党委常委会会议、党委巡察工作领导小组会议及校院两级中心组学习会议等多种形式，及时传达学习上级有关精神及制度文件要求，强化“同题共答”协作意识。把党委巡察工作列入学校党建工作要点、学院工作要点和全面从严治党工作要点，作为落实全面从严治党主体责任的有力抓手。党委书记履行第一责任人责任，做到重要工作亲自部署、重大事项亲自过问、重要环节亲自协调、重要问题亲自督办；其他班子成员履行“一岗双责”，重视支持巡察工作，结合分管领域和部门职能，推动解决巡察整改相关重点难点问题，抓好整改落实和成果运用。[2]巡察后，巡察机构将有关巡察情况通报相关业务指导部门，有关部门在分管校领导的指导下改进和完善相关工作，强化各类监督主体责任意识，树牢“一盘棋”思想，推动贯通融合不断深入。党委巡察工作领导小组落实组织实施责任，深化对被巡察党组织履行党的领导职能责任的政治监督，及时把握巡察工作方向并对巡察中遇到的问题进行研判，全过程指导巡察工作的高质量落实，同时积极推进巡察监督与纪律监督、监察监督的有效衔接，充分发挥巡察监督保障执行、促进完善发展作用。

二、协同各类监督主体打造综合监督平台，强化贯通融合责任

探索巡察监督与审计监督的深度融合，在巡察中同步开展对被巡察党组织主要负责同志的审计监督，巡察组和审计组同步进点、同步实施，根据职责分别确定监督的重点领域和重点环节，发挥各自优势，进一步深入挖掘和研判问题，及时互通信息，准确发力，促使问题查深查透，达到巡察监督与审计监督互相促进的效果，拓宽巡察监督有效路径，提升巡察监督的

专业化水平。推动巡察监督和派驻监督、组织监督的贯通协同,建立巡察监督与其他监督统筹衔接制度,协同驻校纪检监察组做好情况通报、沟通会商、工作支持、处置问题线索、巡察整改等监督工作,协同党委组织部在组织监督与巡察监督贯通融合、巡察干部队伍建设、巡察整改日常监督等方面与巡察办充分配合,为巡察工作提供有力支撑。巡察集中整改期结束后,派驻纪检监察组、党委巡察机构、党委组织部等部门成立整改评估组,及时对被巡察党组织进行集中整改评估工作,提升被巡察党组织整改落实效果,进一步推动被巡察单位事业发展。加强群众监督,通过加大巡察宣传力度、及时发布巡察工作动态、与被巡察党组织教职工开展全覆盖谈话、完善巡察整改向群众汇报机制、深入基层开展调研等方式,进一步提高群众巡察知晓率和参与度。

三、加强制度机制建设,构建贯通融合有效工作机制

高校党委出台巡察工作组织协调办法,明确巡察监督与各类监督、业务领域信息互通、资源共享的具体要求,对巡察各环节协调联动工作进行细化和明确,进一步提高各环节工作效率和质量,促进成果共享,形成监督合力。巡察前,结合学校巡察监督重点协同有关处室形成动态巡察政策文件库和符合学校二级党组织特点的透视问题清单,结合各轮次被巡察党组织特点,个性化定制巡察工作方案、巡察组工作方案,商请相关部门对巡察组协助开展巡察业务培训,同时函请十余个业务部门提供被巡察党组织相关领域工作情况及存在的问题,明确巡察重点任务,推动政治巡察具体化实效化。巡察中,提请有关部门协助了解或解释有关问题,进驻后被巡察党组织发生的有关情况和重要问题及时向巡察办、巡察组进行通报;若巡察期间发现被巡察党组织领导班子及其成员存在违纪违法重要问题线索,经程序报批,可提前移交有关部门。巡察后,通过向有关部门提出意见建议和问题线索的移交,向有关部门提供相关巡察情况等方式,推动各部门

同向发力、一体整改。

四、建立“推动改革、促进发展”整改机制，加大巡察成果共享

根据党委书记在党委常委会会议上听取巡察情况汇报时的处理意见，巡察机构及时将有关问题向相关处室进行移交，并提出调整工作的意见建议，围绕立德树人根本任务，涵盖学科建设、教学管理、意识形态、教师梯队建设、学生管理、议事规则执行、基层党组织建设、国有资产管理、校园安全管理等多个领域，涉及十余个相关部门，相关部门在一定时间内采取有针对性的措施，改进和完善相关工作，形成了齐抓共管的监督格局，将巡察成果运用与提升基层治理能力有机结合，发挥巡察推动改革、促进发展作用。着力开展“举一反三”整改，扎实运用巡察成果，党委巡察办结合巡察发现的突出横向共性问题，在全校范围内组织开展年度“未巡先改”工作，并将“未巡先改”工作开展情况纳入年度全面从严治党主体责任考核重点内容，推进二级党组织做好自查自纠，将未巡先改作为改进工作的重要契机，通过“举一反三”整改，不断扩大巡察成果运用。

五、加大干部队伍建设，保障巡察发现问题质量

选优配强巡察干部队伍，组建党委巡察人才库，人才库成员业务能力涵盖等组织人事、宣传统战、教学科研、思想教育、基层党务、财务审计等多个领域，为高质量开展巡察工作提供保障。针对每轮巡察对象不同特点，增加选派专任教师加入巡察组，增强对思想政治教育与专业教育协同、一流学科一流专业建设、教师队伍建设上的监督力量，围绕教育教学、人才队伍建设等中心工作发现问题，进一步提升巡察监督质量水平。加大干部培训力度，学校制定巡察干部教育培训规划，将巡察干部培训纳入学校干部总体培训方案，每年组织巡察人才库全体成员参加学校干部集中培训和巡

察专题培训。注重通过“以干代训”方式提升干部综合能力,选派优秀干部参加市委巡视工作、教育两委巡察工作及学校党委巡察工作,巡察组组内人员选配上探索实行抽调干部压茬使用原则,发挥抽调干部以老带新积极作用,确保组内人员相对稳定,提升巡察监督质效。创新培训方式,利用网络学习平台,定制巡视巡察相关领域专业知识、相关法律法规制度解读,高等教育规律、近年来高等教育改革方向以及政策要求等培训内容,组织干部进行线上学习,不断提升巡察干部能力与素质。

参考文献

[1]姚君君,王瓅苑,刘东.高校巡察与其他监督贯通融合路径研究[J].国家教育行政学院学报,2022(7):81-87.

[2]加强上下联动 构建战略格局 推动新时代巡视巡察工作高质量发展——中央巡视工作领导小组办公室主要负责人就《关于加强巡视巡察上下联动的意见》答记者问[N].中国纪检监察报,2021-01-08(1).

浅析党的十八大以来中央巡视制度的调整发展

天津农学院

杨艳玲

摘　要：巡视制度作为党内监督的战略性制度安排发挥了举足轻重的作用，梳理党的十八大以来中央巡视制度战略调整方向，分析不同政治环境下巡视制度的拓展与完善、监督重点的动态调整，凝练巡视成果，有助于把握党内政治生态动向，巩固巡视实践成果，探索巡视工作规律，为下一步的巡视工作监督重点提供方向借鉴。

关键词：党的十八大；巡视制度；党内监督

巡视制度是落实全面从严治党、依规治党的制度利器，是党内监督的一项重要制度。党的十八大以来，以习近平同志为核心的党中央高度重视巡视工作，多次召开会议强调巡视工作重点，总结巡视阶段性成果，连续两次修订《中国共产党巡视工作条例》，将巡视制度在党章中单列，强调一届任期内巡视工作全覆盖，实现常态化巡视。2012 至 2022 年，针对党内存在的政治问题，党中央动态调整巡视工作重点，充分发挥了巡视利剑作用。

一、党的十八大以来巡视制度的拓展与完善

社会环境的动态性，决定了治党理论也是一个动态完善的过程。市场经济的快速发展使中国共产党的执政环境发生深刻变化，受国际大环境的

影响,国内改革开放带来历史巨变,党员干部队伍也在各种综合因素的影响下面临新问题、新挑战,党内政治生态恶化,出现了精神懈怠危险、能力不足危险、脱离群众危险、消极腐败危险,[1]这四种危险集中表现出了形式主义、官僚主义、享乐主义和奢靡之风四种问题,加强党风廉政建设和反腐败斗争比以往任何时候都显得更为重要和紧迫。进入新时代,党中央以自剜腐肉的勇气和决心惩治腐败,把巡视工作作为全面从严治党的重要抓手,对巡视制度进行了革命性改造,深入推进巡视实践创新、理论创新、制度创新。

(一)实现横向全覆盖、纵向全链接格局

党的十八大以来,面对新挑战,党中央立即对新时代巡视工作的加强和改进及全覆盖任务,作出了一系列重大决策部署。2013 年,中央巡视组先后派出 10 个组,开展了两轮巡视,巡视工作受到前所未有的关注;同年 6 月,中央印发《中央纪委中央组织部关于进一步加强巡视工作的意见》和《中央巡视工作 2013—2017 年规划》,并在 11 月召开的十八届三中全会上,决定改进中央和省区市巡视制度,做到对地方、部门、企事业单位全覆盖,推进巡视工作的领域性全覆盖。[1]2015 年修订《中国共产党巡视工作条例》,把全覆盖作为刚性要求,明确要实现巡视全覆盖、全国一盘棋,并首次把"省、自治区、直辖市高级人民法院、人民检察院党组主要负责人,副省级城市党委和人大常委会、政府、政协党组主要负责人;中央部委领导班子及其成员,中央国家机关部委、人民团体党组(党委)领导班子及其成员;中央管理的国有重要骨干企业、金融企业、事业单位党委(党组)领导班子及其成员"列为巡视对象,[2]推进巡视对象全覆盖。

十八届六中全会通过《中国共产党党内监督条例》,对市县建立巡察制度作出原则性规定,建立巡察机构,省区市党委肩负着开展市县巡察工作的领导责任,推动建立巡视巡察上下联动格局。

2023 年出台《中央巡视工作规划(2023—2027 年)》,明确指出高质量推进巡视全覆盖要加强统筹谋划,坚决贯彻党章规定,灵活采用多种方式,

完成全覆盖任务。扎实推进市县巡察全覆盖,市县党委同巡视一样,把巡察全覆盖任务作为硬性要求,打通全面从严治党基层堵点,将利剑直插基层。

(二)把握巡视规律,坚守巡视监督定位

党的十八大以来,全面从严治党工作不断深入,巡视力度和强度前所未有,在每轮巡视中收获的反腐败“战果”更突出巡视实践的强大制度威力和优势。但巡视不等同于反腐,如果巡视只关注腐败问题,未从腐败的表面深挖政治问题,则会偏离巡视的根本目的,因此,巡视制度的功能必须聚焦政治问题,突出党内政治监督属性。

2015 年 10 月,首次提出了政治巡视定位,指出巡视不是对单位、企业的巡视,是对党组织和党员领导干部的巡视,是政治巡视不是业务检查,要从政治上看被巡视党组织在党的领导、党的建设、全面从严治党、党风廉政建设方面存在的问题,是对权力监督的再监督。这是党的十八大以来,对巡视实践成果的高度提炼,也是对巡视功能作用的重新定位。

2016 年 1 月召开的十八届中央纪委第六次全会提出“巡视是党内监督的战略性制度安排”,进一步深化了巡视制度的政治定位。

2017 年 7 月,党中央时隔不到两年再次修订《中国共产党巡视工作条例》,规定巡视组要正确处理好与被巡视党组织的关系,充分信任、坚决依靠,不干预被巡视党组织的正常工作,不履行执纪审查的职责,通过制度的形式进一步明确了巡视制度的基本功能。

(三)巡视监督体制机制逐步健全

党的十八大以后,党中央综合全面从严治党阶段性特征,对《中国共产党巡视工作条例》进行两次修改,强调要加强对领导干部和“关键少数”的监督,并提出加大对“一把手”监督的力度;建立巡视组组长库,一次一授权,实行“三个不固定”破除监督内部的“无形墙”;创新“12+N”巡视工作方法,丰富巡视工作方式。党的十九大对健全巡视监督体系作出重大决

策部署,提出了建立巡视巡察上下联动监督网,《中央巡视工作规划(2018—2022年)》坚决贯彻党的十九大精神,提出在市县党委建立完善巡察制度,使全面从严治党的触角延伸到基层;2020年,党中央印发了《关于加强巡视巡察上下联动的意见》,以制度的形式推进巡视巡察上下联动建设,纵向上统筹巡视巡察系统工作,做到资源共享,信息互通;横向上发挥贯通协同作用,推进巡视巡察监督与其他各类监督统筹衔接。

二、党的十八大以来巡视监督重点的调整

党的十八大以来,党内政治生态不断出清向好,巡视工作也随之面临新形势、新任务,党的巡视工作展开了重大调整,巡视范围不断收缩,聚焦重点更加突出,定位更加精准,[3]能够根据全面从严治党阶段性特征进行动态调整监督重点,突出巡视工作的针对性,成为经实践检验的国之利器、党之利器。

(一)一个中心,四个着力

党的十八大以来,面对当时的政治环境,习近平总书记在2013年4月25日中共中央政治局常委会上的讲话指出,巡视工作要明确职责定位,并提出“一个中心,四个着力”的巡视工作方针,即围绕党风廉政建设和反腐败斗争为中心,要着力发现领导干部是否存在着违反中央八项规定的问题,是否存在着违法乱纪的问题,是否存在着违反政治纪律的问题,在选人用人方面是否存在着不正之风和腐败行为问题,[4]突出巡视发现问题,形成震慑。

(二)四个作风、六项纪律

在新时代背景下,加强党的领导、推进党的建设、全面从严治党方面发生了深刻变化,基于世情、国情、党情的变化,巡视作为制度利器,必定要适应新变化,作出适应性调整。2015年新的《中国共产党巡视工作条例》发

布，以条文化的形式精准定位巡视主要内容，即紧扣六项纪律，深化四个作风，突出将违反政治纪律和政治规矩等方面作为巡视监督的主要内容，与党风廉政建设理论相适应，更加强调抓早、抓小，按照“四种形态”，惩前毖后，治病救人，突出巡视纪严于法，纪在法前的功能。

(三)监督两个责任，聚焦四个方面

2017 年，《中国共产党巡视工作条例》印发了“3.0 升级版本”，将政治巡视写入巡视工作的指导方针，明确巡视巡察是政治监督，新增市县巡察制度。新条例将原来对“落实党风廉政建设主体责任和监督责任等情况进行监督”修改为对“落实全面从严治党主体责任和监督责任等情况进行监督”，规定巡视工作要聚焦全面从严治党、着力发现党的领导弱化、党的建设缺失、全面从严治党不力，党的观念淡漠、组织涣散、纪律松弛，管党治党宽松软问题，与以往监督重点相比，巡视定位更加精准具体，同时也反映出政治生态向好，突出了加强党的领导、聚焦全面从严治党，标本兼治作用明显。

(四)六围绕一加强

党的十八大以来，反腐败斗争取得压倒性胜利。党的十九大报告仍然将巡视巡察工作作为重点，明确深化政治巡视，贯彻落实巡视工作方针，建立市县党委巡察制度，构建巡视巡察上下联动的监督机制。2018 年，中央巡视工作领导小组制定了《中央巡视工作规划(2018—2022 年)》，明确围绕党的政治建设、思想建设、组织建设、作风建设、纪律建设和夺取反腐败斗争压倒性胜利等要求，加强对十八届巡视整改情况的监督检查，旨在巩固巡视成果，突出利剑高悬。

(五)四个落实

总结以往巡视工作成功经验，2018 年 10 月 9 日，十九届中央第二轮专项巡视明确了巡视监督重点为“四个落实”，即落实党的路线方针政策和

中央重大决策部署情况，落实全面从严治党战略部署情况，落实新时代党的组织路线情况，落实巡视、审计、主题教育发现问题的整改情况；在之后的巡视工作中，“四个落实”的监督重点得到了坚持和深化。2019 年 5 月 21 日，召开了全国市县巡察工作推进会，将“四个落实”监督内容更加具体化，提出市县巡察要以“三个聚焦”为监督重点。

三、党的十八大以来巡视制度优势体现的治理效能

从近十年巡视监督重点调整内容来看，巡视成效显著。党的十八大以来，在不断实践的基础上探索巡视工作规律、完善巡视制度机制，按期完成了巡视全覆盖任务，积累了宝贵的历史经验，制度优势的治理效能显现。

（一）“两个维护”更加坚定

“两个维护”的提出，进一步明确了我们各项行动的根本政治任务、根本政治纪律和政治规矩。巡视是开展监督的利器，根本任务是督促做到“两个维护”，保障党的路线方针政策和党中央决策部署落实到位。近十年来，巡视工作在党中央的坚强领导下，在被巡视党组织和人民群众的积极配合下，以“两个维护”为基准，着力发现并督促解决了一些被巡视党组织存在的问题，推动和支持被巡视党组织强化政治建设、担当政治责任、坚定践行“两个维护”。

（二）党内政治生态得到净化

在发挥利剑作用的同时，巡视深入查找权力运行监督制约的薄弱环节，充分发挥标本兼治战略作用，一体推进不敢腐、不能腐、不想腐。众多巡视成果的展现表明，巡视制度对反腐有着较高的“贡献率”，巡视组层层传导压力，总结不同领域、不同时期、不同层级的腐败问题，积累巡视实战经验，创新反腐思路，打击新型腐败、隐性腐败，有效遏制腐败增量，巡视制

度的政治效果、纪法效果与社会效果愈加凸显。

(三)人民群众切身利益得到保护

巡视过程中及时公开巡视巡察进驻、反馈、整改等情况,畅通群众监督渠道,深入一线、依靠群众、广开言路,鼓励人民群众反映问题,最大限度发挥密切联系群众的纽带功能;随着巡视巡察上下联动机制不断健全,通过巡视线索移交,查处了涉及教育、土地征用、食品安全、医疗卫生、就业生产等民生领域侵犯群众利益的问题,并推进了相关问题的整改落实,人民群众切身感受到了巡视制度给社会生态带来的变化。

巡视是历史的,也是与时俱进的。党的十八大以来,巡视工作主动适应新时代新形势新要求,坚持围绕中心,服务大局,面对快速变化的社会环境,政治生态也随之变动,巡视实践仍需不断总结,优化巡视制度优势转化方式,用政治巡视成效厚植党执政的政治基础。

参考文献

[1]中共中央纪律检查委员会,中共中央文献研究室. 习近平关于党风廉政建设和反腐败斗争论述摘编[M]. 北京:中央文献出版社,中国方正出版社,2015.

[2]《中国共产党巡视工作条例》释义编写组.《中国共产党巡视工作条例》释义[M],北京:中国方正出版社,2015.

[3]金若山,郭丹尼,周悦丽. 党的十八大以来政治巡视的成效、价值及启示[J]. 中国井冈山干部学院学报,2023,16(2).

[4]巡视要发现问题形成震慑　遏制腐败现象蔓延势头[N]. 人民日报,2013-05-18(1).

“双高计划”建设背景下高职院校巡察工作规范化建设的探索与实践

天津职业大学

李立

摘　要：党的二十大报告从完善党的自我革命制度规范体系的战略高度对巡视工作作出了新部署，为新时代巡视巡察工作提供了根本遵循。近几年，中国的职业教育迅猛发展，而“双高计划”建设作为推进教育现代化的重要决策，为高等职业教育高质量发展提供了强大支撑。本文将围绕我校在“双高计划”建设背景下高职院校如何深化政治巡察监督路径进行阐述，为提升巡察工作规范化建设提供参考。

关键词：双高计划；高职院校；校内巡察

回顾党的十八大以来巡视巡察工作发展历程，习近平总书记站在党和国家全局高度、全面从严治党战略高度、党的自我革命政治高度，对巡视巡察工作发表一系列重要论述，作出一系列重要指示批示，为新时代巡视巡察工作高质量发展提供了根本遵循。近年来，多地高职院校尤其是“双高计划”建设院校，落实上级有关工作要求，积极探索高职领域内开展校内巡察的工作路径，通过对学校二级学院党组织开展巡察监督，从而不断推动二级学院事业发展，发挥巡察标本兼治的功能和作用，在推进“双高计划”建设高职院校治校体系和治理能力现代化、高质量完成“双高计划”建设的各项任务中发挥了至关重要的作用。但是多数高职院校开展校内巡察起步晚、还处于摸索过程，现阶段仍存在一些困难和问题。校内巡察工作规范化水平难以满足推动学校实现现代职业教育高质量发展。因此,如何加强"双高计划"建设高职院校巡察工作规范化、制度化建设水平显得尤为重要。

一、在"双高计划"背景下高职院校开展巡察工作的重要意义

(一)"双高计划"建设的高职院校开展校内巡察的现状

党的十八大以来,各地方党委高度重视巡视巡察工作,在此期间虽然没有对高校开展校内巡察工作作出明确要求,但是很多地方本科院校已经先行尝试探索校内巡察,以此来推动自身事业改革发展。党的十九大报告中对巡视巡察工作提出新的更高要求,强调"深化政治巡视,坚持发现问题、形成震慑不动摇,建立巡视巡察上下联动的监督网。"中央、地方党委对高校巡察工作提出了很多指导性意见,以天津教育系统为例,2018 年天津 16 所市属高校设立党委巡察机构,结合学校实际情况建立巡察工作制度。我校作为唯一一所设立巡察机构的高职院校于 2018 年启动首轮校内巡察,积极开展巡察工作实践。对比全国"双高计划"建设单位"A 档"的 10 所高职院校开展调研发现,目前独立设置党委巡察机构的高职院校仅有天津职业大学和黄河水利职业技术学院两所高职院校,与学校纪检部门、党群部门合署办公的有四所院校,尚未开展校内巡察工作的有四所院校。自"双高计划"建设以来,部分高职院校积极尝试开展校内巡察、"双高计划"建设项目专项巡察,通过巡察监督助力"双高计划"建设任务高质量完成,同时在实践探索的基础上,上级巡视巡察机构也对高校开展校内巡察工作进一步强化了指导,巡察已成为高职院校管党治党的常态化工作。

(二)高职院校加强巡察工作规范化建设的重要意义

党的十八大以来,中央高度重视巡视巡察工作规范化建设,把制度化

要求贯穿巡视巡察工作的始终,通过完善各项制度规则、操作规程,不断提升巡视巡察过程中发现问题的精准度。2023年3月,全国巡视工作会议暨二十届中央第一轮巡视动员部署会上强调,“要发挥利剑作用,加强巡视规范化建设”。因此,加强巡察工作的规范化建设,既是推动巡察工作高质量发展具体路径,也是上级针对当前各级单位开展巡察工作实际情况提出的明确要求。然而,相比目前各地方市县巡察和本科院校的校内巡察,高职院校尤其是“双高计划”建设的高职院校开展校内巡察的时间起步较晚,巡察队伍力量较为薄弱,巡察组的监督水平与学校高质量发展、“双高”建设任务要求还有明显差距。因此,高职院校要通过提升巡察工作规范化、制度化水平来解决当前开展校内巡察存在的突出问题。

二、“双高计划”建设高职院校巡察工作规范化建设存在的问题

当前,部分“双高计划”建设单位的高职院校逐步开展了校内巡察工作,但是在体制机制、工作程序、巡察成果运用等方面还存在很多不足之处。笔者通过学访调研,认为当前高职院校开展巡察工作存在以下几个方面的不足。

一是巡察工作机制不健全。部分高职院校巡察工作制度建设相对滞后,有的学校仅制定了巡察工作意见或巡察工作办法等,没有明确巡察阶段目标任务,建立相应的巡察工作配套制度的步伐较慢,如“三规则一规定”“回避制度”等尚未建立,不能满足新形势下巡察工作需要,不利于指导巡察组更好地履行巡察监督职责,一定程度上制约了巡察工作规范化发展。

二是巡察机构设置不完善。当前开展巡察工作“双高计划”建设的高职院校均成立了学校巡察工作领导小组,但是对于巡察机构的设置方式不一,大部分院校没有独立设置巡察机构,而是挂靠在纪检部门,或是与党群部门合署办公,导致巡察机构职责不专。有的学校纪检部门领导兼任巡察

办主任,工作精力分散,难以发挥对巡察工作指导和对巡察报告把关作用。

三是政治巡察定位把握不准确。当前高职院校巡察监督能够做到坚持问题导向,始终把“发现问题”作为校内巡察工作的“生命线”,但是有的院校更多是为了找问题而找问题,将巡察工作视同于常规业务检查、党建督查。政治巡察属性不突出,把巡察组等同于一般的“检查组”,没有准确把握巡察监督的定位,没有从政治体检中深入查找二级学院的政治偏差。

四是巡察干部抽调难度大。部分高职院校巡察力量有限,抽调学校各部门骨干力量困难较大,有的抽调干部在集中进驻期间仍被要求承担本单位本岗位的大量工作,不能做到全脱产参加巡察。有的高职院校为了解决抽调难的问题,压缩现场巡察时间、减少巡察工作环节,一定程度上影响巡察工作质量。

五是贯通融合机制不清晰。部分高职院校的巡察机构与纪检、组织、人事、财务、审计等相关职能部门沟通协作不到位,对于学校巡察工作“一盘棋”的意识树立得不牢,在巡前介绍情况、通报情况不充分,巡察监督与其他监督相互协作机制不健全,没有形成监督合力。

三、有效提升“双高计划”建设高职院校巡察工作规范化建设的对策与建议

党的十八大以来,中央对《巡视工作条例》多次进行修订,这既充分体现出中央与时俱进的精神,也是在全面从严治党实践中加强党的制度建设需要。近几年,党中央先后印发了《关于加强巡视巡察上下联动的意见》《关于加强巡视整改和成果运用的意见》等文件,让巡视巡察工作规范化有章可循,反映中央对巡视巡察工作的高度重视。可见,“双高计划”院校巡察工作规范化建设最重要的就是要从制度建设入手,统筹谋划本校的巡察工作。

（一）科学规划目标任务，健全完善巡察制度

一是强化巡察顶层设计，谋划巡察全覆盖任务。“双高计划”建设院校要科学编制巡察工作规划，统筹谋划长远目标和阶段性任务，明确“时间表”和“路线图”，稳步推进巡察工作实施。二是建立健全各项工作规则，将规范化要求贯穿始终，健全完善巡察各项工作规则，以及相关的配套制度。三是加强各环节工作程序，提高巡察工作水平。要结合工作实际，围绕巡察准备、了解、报告、反馈、移交、整改等环节，规范工作流程，逐步建立科学完备的制度体系，确保巡察成果的高质量。

（二）单独设置巡察机构，压实指导督导责任

一是“双高计划”建设的高职院校可以根据实际情况，单独设置巡察机构，从而可以充分发挥巡察办统筹协调、指导督导、服务保障的职能作用。二是建立“嵌入式”工作机制。巡察办要当好巡察组“工作指导员”“业务咨询员”“调研督导员”。结合巡察进驻动员会、听取汇报、个别谈话、报告起草等关键环节，点对点、面对面指导巡察组开展工作，着力提升巡察工作水平。三是建立定期会商研判机制。与巡察组建立每周会商工作机制，重要事项及时沟通协调，共同把脉会诊，研究解决办法，切实做到同题共答，共同提高。

（三）精准把握监督重点，突出政治巡察属性

一是巡察监督要始终把“两个维护”作为根本任务，认真贯彻中央决策部署，自觉对标对表、及时校准政治偏差，保证巡察成果不偏向、不走样。二是分类细化监督重点，紧扣“三个聚焦”监督内容，量身打造“政治体检表”。“双高计划”建设院校要在每轮巡察中结合二级学院职能责任、业务特点进一步细化监督重点，制定“一单位一策”的监督清单，切实增强巡察监督的针对性。三是政治巡察要突出政治属性，要做到从业务看政治、从客观看主观、从现象看本质，提高精准发现问题、深入研判问题、正确定性

问题的能力。

(四)选优配强巡察干部,打造政治过硬巡察铁军

一是加强巡察机构力量建设。“双高计划”建设院校要建立完善巡察组组长(副组长)的选配机制,发挥政治熔炉作用。健全激励约束机制,加强巡察干部培训,不断完善“以干代训”“岗位锻炼”选配机制。二是完善兼职巡察干部人才库。严格人才库准入条件,把旗帜鲜明的政治标准作为入选人才库的重要原则,要通过部门推荐、组织推荐等方式,把好巡察干部的政治关、廉洁关、素质关。加强对巡察干部进行考核,实时动态调整人才库人员。三是加强巡察作风纪律建设。严格贯彻落实中央八项规定及其实施细则精神,引导巡察干部自觉践行“三个务必”要求,力戒形式主义、官僚主义。坚持和完善巡察组作风纪律“巡后评估”制度,严禁巡察干部跑风漏气,坚决防治“灯下黑”的问题。

(五)深化巡察监督与其他监督贯通协调机制

巡视巡察监督具有权威性、融合性、深入性特点,能够贯通各类监督,具有战略性作用。一是积极探索“巡察+”工作模式,推进巡察监督与纪律监督、民主监督、群众监督、舆论监督贯通衔接,着力推动解决基层问题和师生群众身边问题,增强人民群众获得感、幸福感、安全感。二是强化巡察进驻前信息沟通、巡察中工作协作、巡察后成果运用工作机制,整合资源,形成监督合力,提高巡察监督实效。做好巡前、巡中、巡后三个重要环节支持配合工作,增强政治监督合力,下好协同监督“一盘棋”。三是探索建立审计、财务、国资等部门的专业力量深度参与巡察监督的工作机制,拓宽贯通协同的有效路径,提升巡察监督的专业化水平。

结语

总之,高职院校开展校内巡察工作有利于加强党内监督,要充分发挥

巡察利剑在“双高计划”建设中的重要作用，真正把巡察监督的效果发挥在“双高计划”建设全过程，不断推动全面从严治党向纵深发展，不断加强自身巡察工作规范化建设水平，积极探索创新巡察方式方法，认真总结经验，完善巡察监督体系，建立健全巡察工作的各项制度，扎实推进巡察“全覆盖”，为完成“双高计划”建设任务和学校事业发展提供坚强的政治保障。

参考文献

[1]郑传东，王友明. 治理视域下高职院校巡察工作规范化建设研究——以江苏高职院校为例[J]. 无锡职业技术学院学报，2020，19(6)：79-83.

[2]毛玲玲. 新时代强化高校内部巡察政治监督功能的思考[J]. 南通航运职业技术学院学报，2020，19(3)：31-34.

“双高计划”建设背景下巡察工作质效提升的路径研究

天津职业大学

郑丽珍

摘　要:高职院校开展校内巡察工作是推进巡视工作向高校基层党组织延伸的重要方式。随着教育部“双高计划”的启动,高职院校发展进入快车道,同时也给高职院校巡察工作带来新的挑战。本文分析了在“双高计划”建设过程中高职院校巡察工作遇到的问题和困难,并针对性地提出对策建议,通过巡察监督为学校“双高计划”建设和全面发展提供坚实的政治保障。

关键词:高职院校;巡察;“双高计划”建设

习近平总书记在党的二十大报告中明确指出:必须持之以恒推进全面从严治党,健全党统一领导、全面覆盖、权威高效的监督体系,要聚焦“国之大者”推动政治监督具体化、精准化、常态化,要完善党中央重大决策部署落实机制,确保党中央作出的战略决策贯彻执行到位。《国家职业教育改革实施方案》提出要把职业教育摆在更加突出的位置,首次从国家层面提出职业教育是一种类型教育。高职院校申报“双高计划”,旨在形成一批可复制、可推广的模式、制度、标准和经验,引领高职教育改革,支撑经济社会和职业教育高质量发展,彰显中国特色,跻身世界水平。高职院校在“双高计划”建设背景下如何提升巡察监督质效,需要我们不断探索研究。

一、高职院校开展校内巡察的重要意义

(一)开展校内巡察是推进政治监督具体化、精准化、常态化要求

党的十八大以来,习近平总书记关于巡视工作发表的重要论述,为新时代做好巡视巡察工作提供了根本遵循。根据习近平总书记关于巡视工作“党组织建立到哪里,巡视巡察就跟进到哪里”的重要讲话精神,高职院校开展校内巡察,对二级党组织和党员领导干部进行“政治体检”,是学校全面从严治党的重要抓手和有效途径,对于高职院校加强党的领导,加强党的建设,改进领导干部工作作风,推进“双高计划”建设,提供了重要的政治保证。

(二)开展校内巡察是实现监督全覆盖的重要途径

高职院校坚持和完善党委全面监督、纪委日常监督、工作部门职能监督和党员民主监督的党内监督体系,使各类监督贯通衔接、形成合力,对加强权力运行的制约,推动制度优势转化为治理效能具有积极作用。开展校内巡察作为党内监督的重要手段,与开展意识形态专项检查、任中审计、廉政风险点排查、“双高计划”建设专项检查等结合起来,对学校二级党组织进行全方位监督,是实现监督全覆盖的重要途径。

(三)开展校内巡察是净化政治生态的重要方式

高职院校作为立德树人的主阵地,培养社会主义建设者和接班人的主战场,营造风清气正的育人环境和政治生态至关重要。如果党组织出现政治功能和组织功能弱化,党员干部出现不作为、乱作为的状况,学校将难以完成铸魂育人的根本任务。开展校内巡察,就是要及时发现问题、督促整改,为学校的“双高计划”建设和人才成长提供清新空气、洁净土壤和干净

水源。

（四）开展校内巡察是推动学校内涵发展和“双高计划”建设的强大动力

教育兴则国家兴，教育强则国家强。建设教育强国，是全面建成社会主义现代化强国的战略先导，是以中国式现代化全面推进中华民族伟大复兴的基础工程。高职院校作为中国职业教育的主阵地，很多学校处于内涵式发展和“双高计划”建设的关键时期，在党全面领导下的高职院校，要按照新时代党的建设总要求，确保党的建设始终走在前列。校内巡察对于不断加强党对于教育事业的领导，推动“双高计划”专业群建设，提升校企合作水平、服务发展水平、学校治理水平、信息化水平和国际化水平等起到积极的促进作用。

二、高职院校巡察工作存在的问题

（一）落实巡察主体责任不到位

开展校内巡察是高职院校党委的重要职责，学校党委承担着巡察工作的主体责任，校党委书记是巡察工作领导小组组长，也是巡察工作第一责任人。个别高职院校党委对巡察工作重视不够，没有及时研究制定一届党委任期内巡察工作规划和年度巡察工作计划；巡察工作领导小组作用发挥不充分，对校内巡察工作主动谋划意识不强，主动指导巡察组开展工作有欠缺。

（二）落实政治巡察要求有差距

巡察是上级党组织对下级党组织履行党的领导职能责任的政治监督，根本任务是通过“政治体检”，深入查找政治偏差，督促做到“两个维护”，政治巡察不是一般的业务检查、工作督查，也不是党建检查。目前高职院校对二级党组织开展巡察时,过多关注基层党组织建设情况,简单看党委(党总支)会议和党政联席会议记录、"三会一课"会议记录等浅层化问题,从业务和形式上看问题多,从政治上审视问题不足。

(三)对校内巡察工作的思想认识有偏差

部分党员干部对校内巡察的重要性和必要性缺乏正确的认识,一些二级单位党组织对待巡察消极被动,个别领导干部存在抵触情绪,主动接受巡察意识不强,怕巡察发现问题让自己丢面子等;一些二级单位把巡察当成走过场的形式,存在"一巡了之"等过关心态;还有一些二级单位的教职工对巡察工作了解不深,配合巡察组开展工作不够主动,不能将本单位存在的问题向巡察组真实反馈。

(四)巡察队伍建设有待加强

高职院校的巡察干部大多数是兼职,一般是每轮巡察前临时抽调组建的,在巡察过程中这些巡察干部还要承担原岗位的工作,很难将精力全部投入到巡察工作中。由于巡察干部的选配、考核、激励机制不健全,不仅在抽调干部时存在困难,巡察干部参与工作的积极性和主动性也很难被调动起来。同时,抽调的巡察干部能力参差不齐,特别是高职院校正处于"双高计划"建设大发展时期,对巡察干部综合能力提出了更高的要求,部分巡察干部的业务知识和专业结构无法满足巡察工作的需要。

(五)巡察工作机制不够健全

巡察整改与成果运用机制不够健全,多数高职院校对巡察过程十分重视,对巡察整改抓得不够紧不够实,一定程度上存有"重巡察、轻整改"的倾向,巡察成果运用不充分,没有将巡察发现的共性问题从全校层面推动整改,"后半篇文章"做得不够扎实。贯通融合机制不健全,高职院校的巡察机构与相关工作部门联系不够紧密,没有形成巡察监督与其他监督贯通融合机制,监督"一盘棋"理念树得不牢。

三、高职院校巡察工作质效提升的对策

(一)强化责任担当,履行巡察工作主体责任

强化校党委对巡察工作的统一领导,把学习贯彻习近平新时代中国特色社会主义思想和习近平总书记关于巡视工作重要论述作为校党委会"第一议题",对中央、市委关于巡视巡察工作的最新要求及时传达学习,结合学校工作实际,制定具体落实举措。把巡察工作置于全校党的建设、管党治党的重要位置,坚持一体谋划、一体部署、一体推进。高职院校党委书记作为巡察工作领导小组组长,要认真履行第一责任人责任,定期组织召开巡察工作领导小组会议,解决校内巡察过程中遇到的困难,及时听取校内巡察情况汇报,对巡察发现的重点问题线索提出明确处置意见。领导班子成员要履行"一岗双责",主动支持校内巡察工作,把校内巡察的要求落实到分管的部门和分管工作中,并作为巡察整改工作第一组长,抓好联系(分管)单位的巡察整改工作。

(二)提高思想认识,坚守政治巡察定位

强化巡察政治定位既是加强党的政治建设的重要举措,也是提升政治监督效能的必然要求。高职院校巡察工作要严格遵守《中国共产党章程》《中国共产党巡视工作条例》等党内法规要求,不断增强巡察政治导向功能。要站在推进学校全面从严治党和推动新时代高职院校教育事业改革发展的高度,围绕"三个聚焦"监督重点,查找被巡察党组织存在的政治偏差,聚焦职能责任,抓住领导班子和"关键少数",善于从教学科研、国有资产管理、"双高计划"建设、为师生服务等业务方面问题查找政治本质问题,从政治高度分析巡察发现的普遍性和倾向性问题。

(三)加大巡察宣传,营造配合巡察氛围

高职院校在党员比例较高的现状下,要加大巡察宣传动员力度,提高

党员干部对政治巡察规律性和重要性的认识,督促各级领导干部发挥好引领示范作用,主动配合巡察组开展工作,积极向巡察组反映实际问题。同时拓宽信息宣传渠道,坚持把巡察工作融入学校党委“大宣传”格局,找准发力点,积极拓宽师生参与巡察监督渠道,及时梳理总结典型经验和工作亮点。除采用召开进驻动员会、张贴巡察公告等传统方式外,进一步通过官网、官微等网络媒体扩大巡察工作的知晓度和覆盖面,充分讲好“巡察故事”,努力营造“敢于监督、善于监督、乐于接受监督”的良好氛围。

(四)注重能力提升,加强巡察干部队伍建设

巡察干部队伍建设成效对巡察成效起着至关重要的作用,学校党委要组建党委巡察人才库,加强巡察人才库干部的选拔与培训,从组织、宣传、纪检、教务、国资、审计等部门选拔优秀干部参加巡察工作。结合每轮巡察对象情况,组织有针对性的培训,通过集中学习、专题辅导、交流学访等多种形式,不断提高巡察干部发现问题、分析问题、报告问题的能力。通过“组织部门推荐+巡察实践优选”方式,统筹选派推荐优秀干部参加巡视巡察工作,切实把巡察岗位作为发现、培养、锻炼干部的“大熔炉”和“练兵场”。

(五)健全协作机制,增强监督合力

加强巡察监督与其他监督的统筹衔接,建立党委巡察机构与有关工作部门配合的工作机制,形成贯通融合制度成果,明确具体内容,细化协作任务,优化工作流程。强化巡前准备和信息沟通,巡中重要问题会商研究,巡后问题线索处理,整改监督等工作,确保巡察全过程各环节协作配合的运行顺畅,形成监督合力,放大监督效能。建立巡察整改与成果运用的相关制度,紧盯巡察发现的问题,纪委办、组织部加大巡察整改日常监督,确保被巡察单位不折不扣做好巡察整改工作,巡察办强化问题归纳分析,发挥巡察标本兼治作用,建立巡察问题“多主体”反馈移交通报机制,充分运用好巡察建议书和专题报告。强化职能处室成果运用责任,对巡察移交的问

题和建议，要认真分析研判，加强日常监督，健全工作机制，把巡察成果拓展转化成推动改革、促进发展、优化治理的实际效果，切实做到以巡促改、以巡促建、以巡促治。

四、结语

高职院校开展校内巡察工作，有利于学校不断加强党的领导，加强党的建设，推进全面从严治党向基层延伸。学校党委应认真对照中央、市委关于巡视巡察相关精神和要求，认真总结汲取经验，勇于开拓创新巡察工作方式，压实主体责任，健全制度机制，抓好问题整改，强化成果运用，以钉钉子精神抓好校内巡察工作，确保取得实效。

参考文献

[1]叶宁. 高校巡察工作中的问题与对策[J]. 科学咨询(科技·管理)，2023(3)：170-172.

[2]孙延寿，高大伟. “双高”建设背景下高职院校国有资产管理问题与策略[J]. 行政事业资产与财务，2023(5)：15-17.

[3]姜建忠. 全面从严治党背景下高校巡察工作问题与对策[EB/OL]. [2022-06-21]. https://www.fx361.com/page/2022/0621/10461557.shtml.